JN412330

셈연구시리즈 41

창세기와 함께하는
묵상노트 4

한국기독교교육교역연구원 편
임창복 집필

사단법인 한국기독교교육교역연구원
www.kcemi.or.kr

창세기와 함께하는

묵상노트 4

초판인쇄 2015년 10월 16일
초판발행 2015년 10월 22일
지 은 이 임 창 복
엮 은 이 한국기독교교육교역연구원
펴 낸 곳 사) 한국기독교교육교역연구원
주 소 471-030 / 경기 구리시 수택동 873-5 금호프라자1차 상가 402호
전 화 (031) 567-5325 / 팩스 (031) 567-5325

총 판 처 비전북
영 업 국 (031) 907-3927
등 록 No. 17-427(2005. 4. 7.)
ISBN 978-89-93377-32-3 / Printed in Korea

값 4,800원

머리말

사단법인 한국기독교교육교역연구원은 그동안 조선일보 블로그, 다음 블로그, 네이버 블로그, 그리고 본 연구원 홈페이지에 "오늘의 말씀묵상"을 매일같이(주일은 제외) 올려왔습니다. 이를 모아 현재까지 「누가복음과 함께하는 묵상노트」가 제1권부터 제4권까지 그리고 「요한복음과 함께하는 묵상노트」가 제1권부터 제4권까지 출판되었습니다. 이번에 출간되는 「창세기와 함께하는 묵상노트 4」에 이어서 다음에는 「사도행전과 함께하는 묵상노트 1」이 출판될 계획입니다. 본 연구원이 "오늘의 말씀묵상"을 중요시하는 이유는 매일 단 몇 분만이라도 하나님의 말씀을 고요히 묵상하는 사람은 삶의 질서가 하나님 안에서 분명해지고, 또한 '성경말씀'이 날마다 자신에게 적용되어 삶으로 배어들 수 있기 때문입니다. 이와 같이 하여 묵상자는 주 안에서 평안과 인내와 기쁨의 삶을 사는 힘을 공급받을 수 있게 됩니다.

무엇보다도 먼저 본서가 출판되기까지 함께하신 하나님께 감사를 드립니다. 이 책을 통하여 묵상하는 모든 이들이 성경말씀으로 치유되고, 도전받고, 구속함을 입어 변화되는 하나님의 역사가 임하시기를 기원하면서 머리말을 맺습니다.

2015년 10월 15일
사단법인 한국기독교교육교역연구원 원장
장로회신학대학교 명예교수
임 창 복

묵상기도하는 방법

1. 우선 몸의 균형을 잡고 개방적인 상태로 눈을 감은 채, 편안히 앉아 긴장완화를 쉽게 하기 위해서 몇 번 깊게 숨을 쉰다.
2. 하나님의 임재를 위한 기도를 드린다. (원하면, 기도 후에 찬송을 부르거나 묵상하기 좋은 음악을 듣는다.)
3. 묵상할 주제를 본 다음, 묵상할 말씀을 한 번 전체적으로 면밀히 그리고 능동적으로 읽는다.
4. 묵상할 말씀을 두 번째 읽으면서, 첫 번째 읽을 때 스쳐 지나간 부분까지 전체 내용이 마음과 머리에 기억되도록 집중하여 능동적으로 읽는다.
5. '기도요점'과 '도움의 말'을 한 번 읽고 난 후, 다시 세 번째로 묵상할 말씀을 읽어 가면서 특별히 마음과 눈이 머무는 특정 말씀이나 구절 혹은 성경말씀 이야기 안으로 수동적으로 들어간다. 이때 다른 생각이나 잡념과 같은 것은 내려놓는다. 혹은 그것에 붙잡히지 않고 흘러가게 한다.
6. 주님과 대화하면서 묻기도 하고, 주님의 음성을 듣기도 하며, 묵상하는 말씀들로부터 내면으로 스며드는 느낌이나 혹은 말씀 안의 배경, 인물, 대화내용 등으로 몰입되면서 묵상자를 치유하고, 도전하고, 그리고 고요하게 하는 말씀의 능력에로 몰입되어 들어간다.
7. 자신이 묵상한 말씀과 주님과의 대화의 응답으로 '응답의 기도'를 드리며 묵상기도로부터 벗어난다.
8. '묵상노트' 하단의 빈 공간에 자신이 '묵상한 내용'과 '응답의 기도'를 기록한다.

묵상기도 주제 및 내용

말씀 묵상노트의 목적은 그리스도인들이 말씀 묵상 기도생활을 통하여 성령의 역사로 하나님의 지속적인 현존에 거하게 하는 데 있다. 다른 말로 표현하면, 이는 순간 순간, 날마다, 직장 혹은 가정, 그리고 시장에서도 영원성에 그 중심을 두는 삶, 즉 하나님의 현존 안에 우리의 삶이 거하도록 하는 데 있다. 이와 같이 하여 그리스도인의 성경 말씀 묵상기도의 결실은 성령의 인도하심에 따라 세상에서 하나님과의 깊은 관계 속에서 삶을 살 수 있게 하는 데 있다.

1 일어나 벧엘로 올라가라

창세기 35 : 1~2

하나님이 야곱에게 이르시되 일어나 벧엘로 올라가서 거기 거주하며 네가 네 형 에서의 낯을 피하여 도망하던 때에 네게 나타났던 하나님께 거기서 제단을 쌓으라 하신지라 야곱이 이에 자기 집안사람과 자기와 함께한 모든 자에게 이르되 너희 중에 있는 이방 신상들을 버리고 자신을 정결하게 하고 너희들의 의복을 바꾸어 입으라

기도 요점

몹시 힘든 상황을 헤쳐 나갈 수 있는 길을 알지 못하고 있을 때, 하나님의 은혜로 새로운 삶으로의 도약을 경험해 보셨습니까? 세겜에서 자식들로 인하여 거의 죽음에 이르게 되었다고 생각할 정도로 어려운 상황 속에 있는 야곱을 찾아오신 하나님을 상상해 보십시오.

도움의 말

세겜에서 어려움을 겪고 있는 야곱에게 하나님께서 찾아오십니다. 딸 디나의 강간과 아들들의 세겜 살인사건과 약탈사건으로 인하여 어려움 속에 있는 야곱에게 하나님께서 일어나 세겜을 떠나 벧엘로 올라가서, 거기 거주하라고 말씀하십니다. 벧엘은 야곱이 형의 분노를 피해 도망하고 있을 때 하나님께서 그에게 나타나신 곳입니다. 하나님께서 야곱에게 "거기서 제단을 쌓으라"라고 명하십니다. 이와 같은 하나님의 명령으로 야곱은 과거에 형을 피해 도망할 때, 훗날 그가 다시 벧엘로 돌아오게 되면 그곳에 하나님의 전을 건축하겠다는 그의 서원을 이행할 수 있게 됩니다. 이와 같이하여 야곱의 고향으로의 귀환여정이 종교적 순례여정의 단계로 진입하게 됩니다.

2 일어나 벧엘로 올라가자

창세기 35 : 3~5

우리가 일어나 벧엘로 올라가자 내 환난 날에 내게 응답하시며 내가 가는 길에서 나와 함께하신 하나님께 내가 거기서 제단을 쌓으려 하노라 하매 그들이 자기 손에 있는 모든 이방 신상들과 자기 귀에 있는 귀고리들을 야곱에게 주는지라 야곱이 그것들을 세겜 근처 상수리나무 아래에 묻고 그들이 떠났으나 하나님이 그 사면 고을들로 크게 두려워하게 하셨으므로 야곱의 아들들을 추격하는 자가 없었더라

기도 요점

고향으로 귀환하고도 10년이 지나도록 하나님께 서원하였던 것을 이행하지 못하였던 야곱이 세겜에서 어려운 처지에 있게 됩니다. 그러자 그에게 나타나시어 벧엘로 올라가서 제단을 쌓게 하시는 하나님을 묵상하십시오.

도움의 말

하나님의 말씀을 들은 야곱은 "일어나 벧엘로 올라가자!"라고 외칩니다. 야곱은 하란에서 겪었던 모든 환난 날에 하나님께서 함께하신 것을 회상하면서, 자신을 지켜 주신 하나님께 벧엘로 가서 제단을 쌓겠다고 결단합니다. 야곱이 하란으로부터 돌아온 지 10여 년이 지났지만, 그는 집안을 번창케 하느라고 벧엘에서의 서원을 이행하지 못하고 있었습니다. 이제 야곱이 가족들을 모두 데리고 그곳으로 가 예배드리려고 하자, 그들은 가지고 있는 모든 이방 신상들과 귀고리를 야곱에게 주고, 야곱은 그것들을 세겜 근처 상수리나무 아래에 묻고 떠납니다. 그러나 하나님께서 그 사면 고을들로 크게 두려워하게 하셨으므로 야곱의 아들들을 추격하는 자가 없었습니다.

3 벧엘의 전능하신 하나님

창세기 35 : 6~8

야곱과 그와 함께한 모든 사람이 가나안 땅 루스 곧 벧엘에 이르고 그가 거기서 제단을 쌓고 그 곳을 엘벧엘이라 불렀으니 이는 그의 형의 낯을 피할 때에 하나님이 거기서 그에게 나타나셨음이더라

기도 요점

여러분들에게는 하나님께서 은혜를 베푸신 특별한 장소가 있으십니까? 어려움 가운데 있는 야곱이 하나님의 명령에 따라 그와 함께한 모든 사람과 벧엘로 올라가서 제단을 쌓고, 그곳의 이름을 '엘벧엘'이라고 부르는 당시 상황을 상상해 보십시오.

도움의 말

야곱이 그와 함께한 모든 사람과 함께 벧엘에 이릅니다. 야곱이 거기서 제단을 쌓고 그곳을 하나님을 의미하는 '엘'과 하나님의 집을 의미하는 '벧엘'이 합쳐진 '엘벧엘'이라고 명명합니다. 이는 '벧엘의 전능하신 하나님'이라는 뜻입니다.

야곱이 과거 벧엘에 나타나시어 자신에게 은혜를 베풀어 주신 하나님을 회상하면서 동시에 당시 자신의 서원을 기억하시고 온전히 이행하도록 역사하신 하나님께 감사드리며 '벧엘의 전능하신 하나님'을 찬양합니다.

4 이스라엘이 네 이름이 되리라

창세기 35 : 9~11

야곱이 밧단아람에서 돌아오매 하나님이 다시 야곱에게 나타나사 그에게 복을 주시고 하나님이 그에게 이르시되 네 이름이 야곱이지마는 네 이름을 다시는 야곱이라 부르지 않겠고 이스라엘이 네 이름이 되리라 하시고 그가 그의 이름을 이스라엘이라 부르시고 하나님이 그에게 이르시되 나는 전능한 하나님이라 생육하며 번성하라 한 백성과 백성들의 총회가 네게서 나오고 왕들이 네 허리에서 나오리라

기도 요점

야곱을 더 이상 야곱이라고 부르지 않으시고 브니엘에서 이스라엘이라고 개명하시고, 다시 벧엘에서 그의 개명된 이름을 재확인하시는 하나님을 묵상하십시오. 또한 "나는 전능한 하나님이라"고 말씀하시면서 "생육하며 번성하라"라는 말씀을 다시 확약하시는 하나님을 묵상하십시오.

도움의 말

약속하신 모든 것을 반드시 성취시키시는 능력의 하나님께서 야곱에게 "네 이름이 야곱이지만 네 이름을 다시는 야곱이라고 부르지 않겠다."고 말씀하십니다. 브니엘에서 야곱은 이미 하나님과 겨루어 이겼다는 뜻을 지닌 이스라엘이라는 이름으로 개명되었는데(창 32 : 28), 벧엘에서 그의 개명된 이름이 재확인됩니다. 이어서 하나님께서는 야곱에게 "나는 전능한 하나님이라"고 말씀하시면서 창세기 28 : 3의 너로 생육하고 번성케 하사 너로 여러 족속을 이루게 하신다는 약속의 말씀을 다시 확약하십니다. 그리고 이것은 약 25년 후에 야곱의 자손들 70명이 애굽으로 갔다가 430년 만에 200만 명 가량이 출애굽하게 됨으로 성취됩니다.

5 자신과 자신의 소유 모두가 하나님의 소유라고 천명하는 야곱

창세기 35 : 12~15

내가 아브라함과 이삭에게 준 땅을 네게 주고 내가 네 후손에게도 그 땅을 주리라 하시고 하나님이 그와 말씀하시던 곳에서 그를 떠나 올라가시는지라 야곱이 하나님이 자기와 말씀하시던 곳에 기둥 곧 돌 기둥을 세우고 그 위에 전제물을 붓고 또 그 위에 기름을 붓고 하나님이 자기와 말씀하시던 곳의 이름을 벧엘이라 불렀더라

기도 요점

자신을 포함하여 자신의 소유물 모두가 하나님의 소유라는 의식으로 삶을 사십니까? 하나님께서 약속하신 땅에 돌기둥을 세우고, 자신과 그 땅의 소유권이 하나님께 있음을 천명하는 야곱을 상상하십시오.

도움의 말

하나님께서 야곱에게 나타나시어 아브라함에게 약속한 땅이 이삭과 야곱에게 이어지며, 또한 그의 후손에게도 이어진다는 약속의 말씀을 하십니다. 이 말씀을 하시고 하나님께서 야곱을 떠나시자, 야곱은 하나님께서 자신과 말씀하시던 곳에 돌기둥을 세우면서 하나님께 대한 헌신을 새롭게 합니다. 그리고 그 위에 야곱의 헌신적인 노력과 봉사를 상징하는 전제물을 붓는데, 이는 포도주나 독주로 드리는 예물이라고 합니다. 또한 야곱이 그 기둥 위에 기름을 붓는데, 이는 야곱 자신과 그 땅에 대한 하나님의 소유권을 뜻하는 거룩한 의식으로서, 그의 서원을 온전히 이루게 하신 하나님을 영화롭게 하는 행동이라고 합니다. 이와 같이 야곱은 자신과 자신의 모든 소유가 하나님의 소유라고 천명합니다.

6 난산으로 얻은 아들

창세기 35 : 16~18

그들이 벧엘에서 길을 떠나 에브랏에 이르기까지 얼마간 거리를 둔 곳에서 라헬이 해산하게 되어 심히 고생하여 그가 난산할 즈음에 산파가 그에게 이르되 두려워하지 말라 지금 네가 또 득남하느니라 하매 그가 죽게 되어 그의 혼이 떠나려 할 때에 아들의 이름을 베노니라 불렀으나 그의 아버지는 그를 베냐민이라 불렀더라

기도 요점

생명을 걸고 힘들게 얻은 것이 있으십니까? 벧엘에서 하나님의 약속을 재확인하고, 비옥한 땅으로 옮겨 가다가 해산 중에 가장 사랑하는 아내 라헬을 잃고, 아내의 생명으로 아들을 얻게 된 야곱을 상상해 보십시오.

도움의 말

야곱 일행이 벧엘을 떠나 베들레헴을 포함한 유대 지방의 한 지역인 '에브랏'에 못미쳤을 때, 라헬이 난산을 하게 됩니다. 난산으로 라헬의 영혼이 떠나려 할 때에 산파가 그녀에게 득남의 소식을 알리자, 그녀는 아들의 이름을 '베노니'라고 불렀는데, 이는 '나의 슬픔(고통)의 아들'이라는 뜻입니다. 그러나 아내 라헬을 사랑하는 그녀의 남편 야곱은 그 아들의 이름을 '베냐민'이라고 불렀는데, 이는 '오른손의 아들'이라는 뜻입니다. 성경에서 오른손 혹은 오른편은 '총애'나 '탁월함' 또는 '선호하는', '행운을 가져오는'이라는 의미라고 합니다. 이렇듯 라헬은 초산으로 요셉을 낳은 후, 많은 햇수가 지나 베냐민을 난산으로 낳고 죽게 됩니다.

7 하나님의 약속을 믿고 사는 삶이란

창세기 35 : 19~21

라헬이 죽으매 에브랏 곧 베들레헴 길에 장사되었고 야곱이 라헬의 묘에 비를 세웠더니 지금까지 라헬의 묘비라 일컫더라 이스라엘이 다시 길을 떠나 에델 망대를 지나 장막을 쳤더라

기도 요점

이 땅에서 하나님께서 약속하신 말씀을 믿고 산다는 것은 어떤 것일까요? 하나님의 약속을 받고 야곱이 가족들과 가축들과 함께 하란을 떠나 팔레스틴에 이르기까지의 그의 험난한 여정을 상상해 보십시오.

도움의 말

야곱 일행이 베들레헴의 에브랏을 향하여 여행하고 있을 때, 그의 아내 라헬이 베냐민을 낳고 죽습니다. 시신이 곧바로 부패되는 팔레스틴의 기후 때문에 야곱은 라헬의 시신을 가족의 장지인 헤브론(창 25 : 9, 35 : 29)으로 옮겨 갈 수 없어서 그녀가 죽은 곳 근처에 묻고 묘비를 세웁니다. 야곱이 세운 라헬의 묘비는 예레미야 시대에도 알려졌다고 합니다(삼상 10 : 2, 렘 31 : 15). 이처럼 라헬을 베들레헴 길에 묻고, 야곱, 즉 이스라엘이 다시 길을 떠납니다. 하란을 떠나 여기까지 이른 야곱의 여정을 볼 때, 그는 수많은 역경을 넘겼고, 사랑하는 아내 라헬까지 묻었습니다. 그런데 그는 또다시 라헬의 무덤을 떠나 베들레헴 남방 약 2km 지점에 이르러 그곳에다 가축의 떼를 지키기 위하여 장막을 칩니다. 이러한 험난한 이스라엘의 삶의 여정에서 우리는 하나님의 약속을 받고 삶을 산다는 것의 의미를 꿰뚫어 볼 수 있습니다.

8 하나님의 약속의 후손인 야곱의 아들들

창세기 35 : 22~26

이스라엘이 그 땅에 거주할 때에 르우벤이 가서 그 아버지의 첩 빌하와 동침하매 이스라엘이 이를 들었더라 야곱의 아들은 열둘이라 레아의 아들들은 야곱의 장자 르우벤과 그 다음 시므온과 레위와 유다와 잇사갈과 스불론이요 라헬의 아들들은 요셉과 베냐민이며 라헬의 여종 빌하의 아들들은 단과 납달리요 레아의 여종 실바의 아들들은 갓과 아셀이니 이들은 야곱의 아들들이요 밧단아람에서 그에게 낳은 자더라

기도 요점

하나님의 약속의 후손으로서의 영예를 누리고 계십니까? 네 명의 부인들로부터 얻은 아들 12명 가운데 큰 아들, 르우벤으로부터 돌이킬 수 없는 치욕을 당하는 야곱을 상상해 보십시오.

도움의 말

야곱이 다시 길을 떠나 에델 망대를 지나 장막을 치고 그 땅에 거주할 때, 장자이며 아내 레아로부터 얻은 아들, 르우벤이 가장 사랑하였던 아내 라헬의 여종이며 그의 아내이기도 한 빌하와 동침하였다는 소식을 듣습니다. 레위기 18 : 8에서는 이러한 근친상간을 정죄하며, 레위기 20 : 11에서는 이러한 행위에 대한 사형을 정당화합니다. 또한 근친상간은 신명기 27 : 20에 따르면, 하나님의 저주가 정당화됩니다. 이 일 후에 르우벤은 장자권을 박탈당하며, 그의 후손들 가운데서 위대한 사사나 예언자 혹은 왕이 전혀 배출되지 않는 징계를 당합니다. 이 사건 이후 야곱의 열두 아들의 이름들이 그의 부인으로서의 서열에 따라 언급되며, 야곱의 부인들에게서 낳은 모든 아들들은 동등한 권리와 약속의 후손으로서의 영예를 누립니다.

9 야곱과 에서가 아버지 이삭을 장사하다

창세기 35 : 27~29

야곱이 기럇아르바의 마므레로 가서 그의 아버지 이삭에게 이르렀으니 기럇아르바는 곧 아브라함과 이삭이 거류하던 헤브론이더라 이삭의 나이가 백팔십 세라 이삭이 나이가 많고 늙어 기운이 다하매 죽어 자기 열조에게로 돌아가니 그의 아들 에서와 야곱이 그를 장사하였더라

기도 요점

부모님의 죽음으로 인하여 불화하였던 형제자매들과 화해해 본 경험이 있으십니까? 마침내 아버지 이삭이 거했던 헤브론에 도착하여 형 에서와 함께 아버지 이삭의 장례를 치르는 야곱을 상상해 보십시오.

도움의 말

야곱이 마침내 아버지의 집이 있는 헤브론에 이릅니다. 이곳은 그의 할아버지 아브라함과 아버지 이삭이 이주자로서 거주하였던 곳이지만, 할아버지가 처음으로 땅을 구입한 곳이기도 합니다(창 23장). 야곱이 도착한 후, 아버지 이삭이 늙어 기운이 다하여 죽습니다. 당시 야곱의 형 에서가 헤브론에 급히 올 수 있는 정도의 거리인 그의 거주지, 세겜으로부터 와서 동생과 함께 아버지를 장사지냅니다. 여기서 야곱과 에서가 서로 화해되었다는 것이 재확인됩니다. 그들은 아버지를 막벨라에 있는 조상들의 무덤에 안장합니다.

10 에돔의 족보

창세기 36 : 1~5

에서 곧 에돔의 족보는 이러하니라 에서가 가나안 여인 중 헷 족속 엘론의 딸 아다와 히위 족속 시브온의 딸인 아나의 딸 오홀리바마를 자기 아내로 맞이하고 또 이스마엘의 딸 느바욧의 누이 바스맛을 맞이하였더니 아다는 엘리바스를 에서에게 낳았고 바스맛은 르우엘을 낳았고 오홀리바마는 여우스와 얄람과 고라를 낳았으니 이들은 에서의 아들들이요 가나안 땅에서 그에게 태어난 자들이더라

기도요점

하나님을 섬기지 아니하는 사람과의 통혼에 대한 자신의 입장은 무엇입니까? 에서가 하나님을 섬기는 아니하는 가나안 족속의 여인들과 이스마엘 계열의 딸과 통혼하여 에돔의 족보를 이루는 과정을 상상해 보십시오.

도움의 말

이삭의 아들 에서가 에돔으로 불리었는데, 그는 하나님을 섬기지 않는 가나안 헷 족속의 딸 아다와 히위 족속의 딸 오홀리바마를 아내로 맞습니다. 이를 이삭과 리브가가 기뻐하지 않아 에서는 자신과 같은 계열의 혈통인 이스마엘 족속의 여인 바스맛을 다시 아내로 맞습니다. 에서는 아내 아다로부터 아들 엘리바스를 낳았고, 아내 바스맛으로부터 아들 르우엘을 낳았고, 그리고 아내 오홀리바마로부터 아들 여우스와 얄람과 고라를 낳습니다. 후에 에서의 아들들의 후손이 세일 산에 정착하여 에돔 족속이라는 큰 민족을 이룹니다.

11 가나안을 떠나는 에서

창세기 36 : 6~8

에서가 자기 아내들과 자기 자녀들과 자기 집의 모든 사람과 자기의 가축과 자기의 모든 짐승과 자기가 가나안 땅에서 모은 모든 재물을 이끌고 그의 동생 야곱을 떠나 다른 곳으로 갔으니 두 사람의 소유가 풍부하여 함께 거주할 수 없음이러라 그들이 거주하는 땅이 그들의 가축으로 말미암아 그들을 용납할 수 없었더라 이에 에서 곧 에돔이 세일 산에 거주하니라

기도 요점

일상의 삶 속에서 일어나는 크고 작은 사건들 가운데 있는 하나님의 섭리에 얼마나 민감하십니까? 두 형제의 소유물이 너무 많아 가나안에 있는 동생 야곱을 떠나 세일로 에서를 이동하게 하시는 하나님의 섭리를 묵상하십시오.

도움의 말

에서가 모든 소유와 재물을 이끌고 동생 야곱을 떠나 가나안에서 세일로 옮깁니다. 왜냐하면, 그들의 소유가 너무 풍부하여 함께 거주할 수 없었기 때문입니다. 이와 같이하여 에서와 야곱이 서로 갈라지는데, 이러한 예가 아브람이 데라에게서 갈라질 때(창 12 : 5)와 롯이 아브람에게서 갈라질 때(창 13 : 5－6), 그리고 야곱이 라반에게서 갈라질 때(창 31 : 18)에도 나타납니다. 표면적으로 이처럼 야곱과 에서가 소유의 풍부로 인하여 서로 갈라지게 되어, 롯처럼 에서가 약속의 땅 가나안을 떠나게 되며, 그 결과 하나님의 약속대로 야곱이 가나안 땅에 있게 됩니다. 여기서 우리는 야곱과 에서가 서로 갈라지는 사건 속에도 하나님의 섭리가 있다는 것을 감지하게 됩니다.

12 이름만 기록되어 있는 에돔 족속의 조상, 에서의 족보

창세기 36 : 9~14

세일 산에 있는 에돔 족속의 조상 에서의 족보는 이러하고 그 자손의 이름은 이러하니라 에서의 아내 아다의 아들은 엘리바스요 에서의 아내 바스맛의 아들은 르우엘이며 엘리바스의 아들들은 데만과 오말과 스보와 가담과 그나스요 에서의 아들 엘리바스의 첩 딤나는 아말렉을 엘리바스에게 낳았으니 이들은 에서의 아내 아다의 자손이며 르우엘의 아들들은 나핫과 세라와 삼마와 미사니 이들은 에서의 아내 바스맛의 자손이며 시브온의 손녀 아나의 딸 에서의 아내 오홀리바마의 아들들은 이러하니 그가 여우스와 얄람과 고라를 에서에게 낳았더라

기도 요점

자신의 족보에 자신의 이름 외에 기록될 수 있는 업적이 있으십니까? 에돔 족속의 족보에 그 조상인 에서와 그의 후예들의 이름만 기록되어 있는데, 그 이유는 무엇일지 생각해 보십시오.

도움의 말

세일 산에 거주한 에돔 족속의 조상인 에서는 세 명의 아내가 있었습니다. 에서는 아내 아다로부터 아들 엘리바스를, 그리고 이 아들로부터 손자 여섯을 얻습니다. 또한 바스맛으로부터는 르우엘을 얻고, 르우엘로부터 네 명의 손자들을 얻습니다. 그리고 오홀리바마로부터는 세 아들을 얻습니다. 이와 같이 에돔 족속의 족보는 그의 세 명의 아내들로부터 얻은 아들 다섯과 열 명의 손자들입니다. 하지만 여기에는 이름만 기록되어 있을 뿐 그들의 행적이나 역사가 전혀 기록되어 있지 않습니다. 이는 그의 후손들이 인류에 크게 이바지한 것이 없다는 것을 암시합니다.

13 에서의 자손으로서 족장 된 이들

창세기 36 : 15~19

에서 자손 중 족장은 이러하니라 에서의 장자 엘리바스의 자손으로는 데만 족장, 오말 족장, 스보 족장, 그나스 족장과 고라 족장, 가담 족장, 아말렉 족장이니 이들은 에돔 땅에 있는 엘리바스의 족장들이요 이들은 아다의 자손이며 에서의 아들 르우엘의 자손으로는 나핫 족장, 세라 족장, 삼마 족장, 미사 족장이니 이들은 에돔 땅에 있는 르우엘의 족장들이요 이들은 에서의 아내 바스맛의 자손이며 에서의 아내인 오홀리바마의 아들들은 여우스 족장, 얄람 족장, 고라 족장이니 이들은 아나의 딸이요 에서의 아내인 오홀리바마로 말미암아 나온 족장들이라 에서 곧 에돔의 자손으로서 족장 된 자들이 이러하였더라

기도 요점

혈통적으로 에돔의 족장을 아들과 손자를 포함하여 열세 명 배출한 에서의 가문을 상상해 보십시오.

도움의 말

족장이란 '연합하다', '가르치다'란 뜻에서 파생되었다는 주장과 '1,000'을 뜻하는 개념에서 유래되었다는 주장이 있습니다. 어느 의미에서 유래되었든지 간에 '족장'이란 용어는 한 공동체의 통치권을 가진 지도자를 가리킵니다. 초기에 족장이란 개념은 혈통적으로 한 가문의 최고의 어른을 일컫는 용어였지만, 후대에서는 집단의 지도자급 인물을 가리키기도 하였다고 합니다. 그러나 에돔 족장들은 혈통적으로 에서의 아들들과 거의 동일한데, 그의 자손으로서 에돔 족장이 된 이들은 세 명의 아들과 열 명의 손자들입니다.

14 호리 족속의 가문

창세기 36 : 20~30

그 땅의 주민 호리 족속 세일의 자손은 로단과 소발과 시브온과 아나와 디손과 에셀과 디산이니 이들은 에돔 땅에 있는 세일의 자손 중 호리 족속의 족장들이요 로단의 자녀는 호리와 헤맘과 로단의 누이 딤나요 소발의 자녀는 알완과 마나핫과 에발과 스보와 오남이요 시브온의 자녀는 아야와 아나며 이 아나는 그 아버지 시브온의 나귀를 칠 때에 광야에서 온천을 발견하였고 아나의 자녀는 디손과 오홀리바마니 오홀리바마는 아나의 딸이며 디손의 자녀는 헴단과 에스반과 이드란과 그란이요 에셀의 자녀는 빌한과 사아완과 아간이요 디산의 자녀는 우스와 아란이니 호리 족속의 족장들은 곧 로단 족장, 소발 족장, 시브온 족장, 아나 족장, 디손 족장, 에셀 족장, 디산 족장이라 이들은 그들의 족속들에 따라 세일 땅에 있는 호리 족속의 족장들이었더라

기도 요점

호리 족속 가문과 에돔 족속 가문과의 통혼의 가능성을 상상해 보십시오.

도움의 말

세일의 원주민인 호리 족속은 아브라함 시대에 엘람 왕 그돌라오멜에 의하여 일차 정복되었고, 후에 에서의 자손에 의하여 추방당하거나 남은 자들이 에돔 족속에게 예속되어 동화되었다고 합니다. 세일의 자손은 일곱인데, 이들이 에돔 땅에 있는 호리 족속의 족장들입니다. 에돔 사람들이 세일에 들어갔을 당시, 세일의 몇 가문이 살아남아 에돔 사람들과 통혼한 것으로 보기도 합니다. 그래서 에돔 가문을 열거하고 난 후, 바로 호리 족속의 가문을 열거하는 것으로 해석됩니다.

15 에돔 땅을 다스리는 왕들

창세기 36 : 31~39

이스라엘 자손을 다스리는 왕이 있기 전에 에돔 땅을 다스리던 왕들은 이러하니라 브올의 아들 벨라가 에돔의 왕이 되었으니 그 도성의 이름은 딘하바며 벨라가 죽고 보스라 사람 세라의 아들 요밥이 그를 대신하여 왕이 되었고 요밥이 죽고 데만 족속의 땅의 후삼이 그를 대신하여 왕이 되었고 후삼이 죽고 브닷의 아들 곧 모압 들에서 미디안 족속을 친 하닷이 그를 대신하여 왕이 되었으니 그 도성 이름은 아윗이며 하닷이 죽고 마스레가의 삼라가 그를 대신하여 왕이 되었고 삼라가 죽고 유브라데 강변 르호봇의 사울이 그를 대신하여 왕이 되었고 사울이 죽고 악볼의 아들 바알하난이 그를 대신하여 왕이 되었고 악볼의 아들 바알하난이 죽고 하달이 그를 대신하여 왕이 되었으니 그 도성 이름은 바우며 그의 아내의 이름은 므헤다벨이니 마드렛의 딸이요 메사합의 손녀더라

기도 요점

야곱의 후손, 이스라엘이 애굽에서 노예생활을 하고 있을 때, 에서의 후손인 에돔 족속은 독립국가로 왕정체제를 갖추고 있었다는 점을 생각해 보십시오.

도움의 말

야곱의 후손, 이스라엘이 그 자손을 다스리는 왕이 있기도 전에, 에돔 땅을 다스리는 왕들의 이름이 기록됩니다. 이는 이스라엘이 애굽에서 노예로 생활하고 있을 때 에서의 후손인 에돔 족속은 왕정체제를 갖고 있었다는 것을 의미합니다. 이러한 체제의 에돔에는 왕 여덟이 있었는데, 그 가운데 셋이 도성을 갖고 있었습니다. 그 도성의 이름은 딘하바와 아윗이며, 그리고 바우입니다.

16 에돔 족속의 조상, 에서

창세기 36 : 40~43

에서에게서 나온 족장들의 이름은 그 종족과 거처와 이름을 따라 나누면 이러하니 딤나 족장, 알와 족장, 여뎃 족장, 오홀리바마 족장, 엘라 족장, 비논 족장, 그나스 족장, 데만 족장, 밉살 족장, 막디엘 족장, 이람 족장이라 이들은 그 구역과 거처를 따른 에돔 족장들이며 에돔 족속의 조상은 에서더라

기도 요점

에서의 후손들이 안정되고 풍요롭게 지내고 있을 때, 하나님의 약속을 받은 야곱의 후손, 즉 이스라엘이 애굽의 학정 아래 있었다는 사실을 생각해 보십시오. 어머니 리브가의 쌍둥이 아들, 에서와 야곱이 각각 에돔 족속과 이스라엘 족속의 조상이 되어 가는데, 이는 리브가가 두 민족의 어머니가 되리라는 약속이 성취되어 나가는 과정이기도 합니다.

도움의 말

에서에게서 나온 에돔의 족장들의 이름은 그 종족과 거처와 이름을 따라 나누면, 열한 명입니다. 이들 이름들의 일부가 지명이므로 이것이 에돔의 행정구역의 목록이라는 주장도 있습니다. 아무튼 이들은 세일 산을 중심으로 각 관할 지역의 족장들로서 에돔의 마지막 왕, 하달 이후 옛 족장들의 분권 정치를 복귀시킨 이들인 것 같다고 합니다. 에돔 족장들로 인하여 에서의 후손, 에돔 족속은 평온하게 물질적 풍요를 누리고 있었으나, 야곱의 후손 이스라엘은 이때 애굽의 폭정 아래 있었습니다. 그러나 후에 에돔 족속은 이스라엘을 괴롭히다가 이스라엘의 후손 다윗 왕에 의하여 정복당하게 됩니다(삼하 8 : 13-14).

17 편안하게 말할 수 없는 요셉의 형들

창세기 37 : 1~4

야곱이 가나안 땅 곧 그의 아버지가 거류하던 땅에 거주하였으니 야곱의 족보는 이러하니라 요셉이 십칠 세의 소년으로서 그의 형들과 함께 양을 칠 때에 그의 아버지의 아내들 빌하와 실바의 아들들과 더불어 함께 있었더니 그가 그들의 잘못을 아버지에게 말하더라 요셉은 노년에 얻은 아들이므로 이스라엘이 여러 아들들보다 그를 더 사랑하므로 그를 위하여 채색옷을 지었더니 그의 형들이 아버지가 형들보다 그를 더 사랑함을 보고 그를 미워하여 그에게 편안하게 말할 수 없었더라

기도 요점

부모의 사랑을 독차지할 뿐만 아니라 자신의 잘못까지 부모에게 고하는 형제자매가 있으십니까? 아버지 야곱의 특별한 사랑을 받으며, 게다가 형들의 잘못까지 아버지에게 고하는 동생 요셉을 미워하여 편안하게 인사도 할 수 없게 된 상황을 상상해 보십시오.

도움의 말

야곱은 늙어서 얻은 아들, 요셉을 다른 아들들보다 더 사랑하여 그에게 비싼 세마포 천으로 발까지 내려오는 긴 옷을 만들어 입힙니다. 요셉의 나이 17세 때, 그의 형들은 나가서 양떼를 치고 있었고, 그는 아버지의 첩 빌하와 실바의 아들들과 함께 집 안에 있었습니다. 그런데 요셉이 형들의 잘못을 아버지에게 고합니다. 아버지의 사랑을 독차지하는 데다가 그들의 잘못까지 아버지에게 고하는 요셉을 형들이 미워합니다. 형들은 당시 하브리인들 사이의 인사, '샬롬'이라는 말조차 요셉에게 건넬 수 없을 정도로 그를 미워했습니다.

18 요셉의 꿈과 말 때문에 더욱 미워하는 형들

창세기 37 : 5~8

요셉이 꿈을 꾸고 자기 형들에게 말하매 그들이 그를 더욱 미워하였더라 요셉이 그들에게 이르되 청하건대 내가 꾼 꿈을 들으시오 우리가 밭에서 곡식 단을 묶더니 내 단은 일어서고 당신들의 단은 내 단을 둘러서서 절하더이다 그의 형들이 그에게 이르되 네가 참으로 우리의 왕이 되겠느냐 참으로 우리를 다스리게 되겠느냐 하고 그의 꿈과 그의 말로 말미암아 그를 더욱 미워하더니

기도 요점

자신의 꿈과 말로 인하여 다른 이들로부터 회의에 찬 반문을 받아 본 경험이 있으십니까? 가뜩이나 형들의 미움을 받고 있던 요셉이 그의 꿈과 그의 말로 인하여 더욱 미움을 받게 되는 당시 상황을 상상해 보십시오.

도움의 말

형들의 미움을 받았던 요셉은 그가 꾼 꿈을 그들에게 말하므로 더욱 미움을 받게 됩니다. 종종 하나님의 뜻이 꿈이나 환상을 통하여 인간에게 알려지는데, 요셉이 형들과 밭에서 곡식 단을 묶었더니 그의 단은 일어서고 형들의 단은 그의 단을 둘러서서 절하는 꿈을 꾸었는데, 그는 이 꿈의 내용을 형들에게 말합니다. 요셉의 꿈을 듣고 깜짝 놀란 형들이 "네가 참으로 우리의 왕이 되겠느냐! 참으로 우리를 다스리게 되겠느냐!"고 소리칩니다. 형들의 회의에 찬 이러한 말은 장차 일어날 일을 정확히 예언한 것입니다. 후에 요셉이 애굽 온 땅의 치리자가 되어 왕에 버금가는 권세를 누릴 때, 형들은 그곳까지 와서 요셉 앞에서 양식을 구합니다.

19 요셉의 꿈을 마음에 두는 아버지 야곱

창세기 37 : 9~11

요셉이 다시 꿈을 꾸고 그의 형들에게 말하여 이르되 내가 또 꿈을 꾼즉 해와 달과 열한 별이 내게 절하더이다 하니라 그가 그의 꿈을 아버지와 형들에게 말하매 아버지가 그를 꾸짖고 그에게 이르되 네가 꾼 꿈이 무엇이냐 나와 네 어머니와 네 형들이 참으로 가서 땅에 엎드려 네게 절하겠느냐 그의 형들은 시기하되 그의 아버지는 그 말을 간직해 두었더라

기도 요점

자신의 꿈과 이상에 대한 부모와 형제들의 반응이 서로 다르게 나타나는 것을 경험해 보셨습니까? 해와 달과 열한 별이 절하는 요셉의 꿈 이야기를 들은 아버지 야곱과 형들의 반응을 상상해 보십시오.

도움의 말

요셉이 두 번째로 해와 달과 열한 별이 자기에게 절하는 꿈을 꾸고 나서, 또 이를 아버지와 형들에게 말합니다. 요셉의 꿈 이야기를 들은 아버지와 아들의 반응은 서로 다릅니다. 아버지는 그의 꿈을 듣고, 요셉을 남다르게 사랑함에도 불구하고 "네가 꾼 꿈이 무엇이냐! 나와 네 어머니와 네 형들이 참으로 가서 땅에 엎드려 네게 절하겠느냐!"라고 꾸짖습니다. 그러나 아버지 야곱은 그의 꿈을 마음에 두는데, 이는 아마도 그 자신 역시 하나님의 계시를 꿈을 통하여 받은 경험이 있었기 때문일 것입니다. 반면 동생 요셉을 미워하고 있었던 형들은 그를 시기하게 되는데, 이는 미움보다 더 강하고 깊은 격정의 반응입니다.

20 세겜에서 양치는 형들을 찾아가는 요셉

창세기 37 : 12~14

그의 형들이 세겜에 가서 아버지의 양 떼를 칠 때에 이스라엘이 요셉에게 이르되 네 형들이 세겜에서 양을 치지 아니하느냐 너를 그들에게로 보내리라 요셉이 아버지에게 대답하되 내가 그리하겠나이다 이스라엘이 그에게 이르되 가서 네 형들과 양 떼가 다 잘 있는지를 보고 돌아와 내게 말하라 하고 그를 헤브론 골짜기에서 보내니 그가 세겜으로 가니라

기도 요점

세겜에서 양 떼를 치고 있는 아들들과 가축을 염려하여 요셉을 그곳으로 가게 하는 야곱의 심정을 상상해 보십시오. 동시에 아버지 야곱의 마음을 헤아리면서 자신을 미워하고 시기하는 형들을 찾아서 먼 거리를 혼자 떠나는 요셉을 상상하십시오.

도움의 말

아버지 야곱이 요셉을 그의 형들이 양 떼를 치고 있는 세겜으로 보냅니다. 당시 형들은 풀과 물을 따라 헤브론에서 하루가 더 걸리는 세겜까지 양 떼를 이끌고 가서 먹여야 했습니다. 하지만 세겜은 야곱 가족이 거하는 헤브론 계곡으로부터 북쪽으로 많이 떨어진 곳이며, 또한 그의 아들들이 하몰의 아들들을 대량 학살했던 지역입니다. 아버지 이스라엘이 요셉에게 헤브론에서부터 세겜까지 먼 거리를 가서 형들과 양 떼 모두가 잘 있는지 알아보고 돌아오라는 것은 부모의 보호가 미치는 범위를 벗어나게 하는 심부름입니다. 하지만 요셉은 아버지의 요청대로 형들과 가축의 안위를 살펴보기 위하여 세겜으로 떠납니다.

21 형들을 찾아 방황하는 요셉

창세기 37 : 15~17

어떤 사람이 그를 만난즉 그가 들에서 방황하는지라 그 사람이 그에게 물어 이르되 네가 무엇을 찾느냐 그가 이르되 내가 내 형들을 찾으오니 청하건대 그들이 양치는 곳을 내게 가르쳐 주소서 그 사람이 이르되 그들이 여기서 떠났느니라 내가 그들의 말을 들으니 도단으로 가자 하더라 하니라 요셉이 그의 형들의 뒤를 따라가서 도단에서 그들을 만나니라

기도 요점

어떤 사명을 수행하다가 방향을 잃고 방황해 본 경험이 있으십니까? 형들이 세겜에 있을 것으로 알고 하루 길을 걸어 힘들게 그곳에 도착하였으나, 이미 그곳을 떠난 형들을 찾아 다시 4시간 정도 걸어가서 드디어 도단에서 그들을 만나게 되는 요셉을 상상해 보십시오.

도움의 말

당시 유목민들은 풀과 물을 따라 양 떼를 사방으로 몰고 다니며 먹여야 했으므로 요셉이 세겜에 도착했을 때, 형들이 그곳에 없었습니다. 그리하여 하루 길 이상을 걸어서 세겜에 도착한 요셉이 결국 헤매게 됩니다. 그러던 중 요셉이 낯선 사람을 만나게 되는데, 그가 "도단으로 가자"고 말하는 형들의 소리를 들었다고 전합니다.

세겜 북방에 있는 도단에 형들이 있다는 것을 알게 된 요셉이 4시간 정도를 걸어서 그들을 만납니다.

22 그의 꿈이 어떻게 되는지 보자

창세기 37 : 18~20

요셉이 그들에게 가까이 오기 전에 그들이 요셉을 멀리서 보고 죽이기를 꾀하여 서로 이르되 꿈 꾸는 자가 오는도다 자, 그를 죽여 한 구덩이에 던지고 우리가 말하기를 악한 짐승이 그를 잡아먹었다 하자 그의 꿈이 어떻게 되는지를 우리가 볼 것이니라 하는지라

기도 요점

자신의 꿈을 시기하여 그 꿈이 어떻게 성취되는지 두고 보자고 벼르는 사람들이 주변에 있으십니까? 자신을 미워하는 형들을 찾아 헤매다가 마침내 그들을 찾아온 동생 요셉을 그의 꿈 때문에 죽이려 모의하는 형들을 상상해 보십시오.

도움의 말

고생 끝에 요셉이 형들이 양치는 곳, 도단에 도착합니다. 그가 형들에게 가까이 가기도 전에, 형들은 멀리 보이는 그를 알아보고 죽이기를 꾀합니다. 형들은 꿈꾸는 자가 오고 있다고 빈정거리면서 그를 죽여 구덩이에 던지고, 아버지 야곱에게는 짐승이 그를 잡아먹었다고 하자고 모의합니다.

형들이 요셉을 편애하는 아버지로 인하여 평소에 요셉을 미워하였지만, 이처럼 그를 죽이려는 모의까지 꾀하는 가장 큰 이유는 두 번에 걸쳐서 들은 그의 꿈 때문입니다. 그가 꾼 두 번의 꿈은 밭에서 곡식 단을 묶더니 요셉의 단은 일어서고 형들의 단은 그의 단을 둘러서서 절하였다는 것과 또한 해와 달과 열한 별이 그에게 절하는 꿈이었는데, 형들이 그를 죽이게 되면, 그의 이러한 꿈이 앞으로 어떻게 될지 보자고 서로에게 말합니다.

23 그에게 손을 대지 말라

창세기 37 : 21~24

르우벤이 듣고 요셉을 그들의 손에서 구원하려 하여 이르되 우리가 그의 생명은 해치지 말자 르우벤이 또 그들에게 이르되 피를 흘리지 말라 그를 광야 그 구덩이에 던지고 손을 그에게 대지 말라 하니 이는 그가 요셉을 그들의 손에서 구출하여 그의 아버지에게로 돌려보내려 함이었더라 요셉이 형들에게 이르매 그의 형들이 요셉의 옷 곧 그가 입은 채색옷을 벗기고 그를 잡아 구덩이에 던지니 그 구덩이는 빈 것이라 그 속에 물이 없었더라

기도 요점

손을 대지 말아야 될 일에 손을 대 본 경험이 있으십니까? 만약 있었다면 그 결과는 어떠했습니까? 맏형과 다른 형들이 요셉의 생사에 관해 토론을 하고 있는 사이에 그들에게 이른 요셉의 옷을 벗기고 물도 없고, 비어 있는 구덩이에 그를 던져 넣는 당시 상황을 상상해 보십시오.

도움의 말

요셉을 죽여 구덩이에 넣자는 동생들의 결정을 듣고, 맏형 르우벤이 그들에게 "그의 생명은 해치지 말자"고 제의합니다. 르우벤이 다시금 동생들에게 "피를 흘리지 말고, 그를 광야 구덩이에 던지고, 손을 그에게 대지 말라."라고 말합니다. 여기서 르우벤이 동생들에게 당장 요셉의 피를 흘리지 말고, 단지 그를 구덩이에 던져 넣기만 하라고 말하는데, 그 이유는 그가 요셉을 그들의 손에서 구출하여 아버지 야곱에게 돌려보내기 위해서입니다. 이러는 사이에 요셉이 형들에게 이르게 됩니다. 요셉이 이르자 형들이 그의 채색옷을 벗긴 후에 물도 없고, 비어 있는 그 구덩이에 그를 던져 넣습니다.

24 그에게 우리 손을 대지 말자

창세기 37 : 25~27

그들이 앉아 음식을 먹다가 눈을 들어 본즉 한 무리의 이스마엘 사람들이 길르앗에서 오는데 그 낙타들에 향품과 유향과 몰약을 싣고 애굽으로 내려가는지라 유다가 자기 형제에게 이르되 우리가 우리 동생을 죽이고 그의 피를 덮어둔들 무엇이 유익할까 자 그를 이스마엘 사람들에게 팔고 그에게 우리 손을 대지 말자 그는 우리의 동생이요 우리의 혈육이니라 하매 그의 형제들이 청종하였더라

기도 요점

르우벤에 이어 이번에는 유다가 자기 형제들에게 "구덩이에 있는 요셉에게 우리 손을 대지 말자."라고 제의한 의도는 무엇일까요? 또 요셉의 형제들이 유다의 이러한 제안을 받아들인 이유는 무엇일까요?

도움의 말

형들을 찾아 도단에 도착한 요셉을 구덩이에 넣고, 형들이 앉아서 음식을 먹습니다. 그때 형들이 낙타에 향품과 유향과 몰약을 싣고 길르앗에서 애굽으로 내려가는 이스마엘 사람들을 보게 됩니다. 당시 도단은 갈릴리 바다에서 시작하여 이스르엘 평야를 가로질러 해안 평야를 통과하여 애굽에 이르는 길이므로 형들이 이스마엘 사람들을 만나게 된 것입니다. 그러자 유다가 살의에 찬 형제들에게 우선 동생 요셉이 우리의 혈육이니 그를 죽이고 그의 피를 덮어둔들 무엇이 유익하겠느냐고 말하면서 그의 생명을 해하지 않도록 호소합니다. 그리고 연이어서 유다는 그를 이스마엘 사람들에게 팔고, 그에게 우리 손을 대지 말자고 제의합니다. 형제들은 유다의 이와 같은 제안을 받아들입니다.

25 아이가 없도다! 나는 어디로 갈까?

창세기 37 : 28~30

그때에 미디안 사람 상인들이 지나가고 있는지라 형들이 요셉을 구덩이에서 끌어올리고 은 이십에 그를 이스마엘 사람들에게 팔매 그 상인들이 요셉을 데리고 애굽으로 갔더라 르우벤이 돌아와 구덩이에 이르러 본즉 거기 요셉이 없는지라 옷을 찢고 아우들에게로 되돌아와서 이르되 아이가 없도다 나는 어디로 갈까

기도 요점

자신의 계획이 수포로 돌아가므로 큰 슬픔과 괴로움에 빠져 본 경험이 있으십니까? 구덩이에 있었던 동생 요셉이 없어진 것을 발견하고 큰 슬픔과 고통에 빠져서 “아이가 없도다! 나는 어디로 갈까?”라고 울부짖는 르우벤을 상상해 보십시오.

도움의 말

유다의 제안에 따라 형들이 요셉을 구덩이에서 끌어올리고 은 이십에 그를 이스마엘 상인들에게 팝니다. 당시 노예 장정의 값이 30세겔이며, 20세 이하는 20세겔이었으므로 17세 요셉의 몸값은 은 20세겔이었습니다. 이스마엘 상인들이 요셉을 애굽으로 데리고 간 후, 큰형 르우벤이 요셉을 아버지 야곱에게 돌려보내기 위하여 그 구덩이에 옵니다. 그러나 요셉이 거기 없는 것을 발견하자 르우벤이 옷을 찢는데, 이는 큰 슬픔이나 괴로움 또는 통회하는 마음을 나타내는 행위입니다. 르우벤은 아우들에게 와서 “아이가 없도다! 나는 어디로 갈까?”라고 울부짖습니다. 이는 “없어진 동생 요셉을 어디서 찾을 수 있을까?”라는 의미일 수도 있고, 혹은 “동생 요셉이 없어졌으니 이를 어떻게 아버지 야곱에게 알릴 수 있을까?”라는 의미이기도 합니다.

26 아들 요셉이 죽은 줄 알고 애통하는 야곱

창세기 37 : 31~34

그들이 요셉의 옷을 가져다가 숫염소를 죽여 그 옷을 피에 적시고 그의 채색옷을 보내어 그의 아버지에게로 가지고 가서 이르기를 우리가 이것을 발견하였으니 아버지 아들의 옷인가 보소서 하매 아버지가 그것을 알아보고 이르되 내 아들의 옷이라 악한 짐승이 그를 잡아먹었도다 요셉이 분명히 찢겼도다 하고 자기 옷을 찢고 굵은 베로 허리를 묶고 오래도록 그의 아들을 위하여 애통하니

기도 요점

다른 사람에게 해를 입혔던 방법대로 자신 혹은 사랑하는 이가 해를 입은 경험이 있습니까? 자기 형의 옷과 염소로 아버지 이삭을 속였던 야곱과 아버지 야곱을 속이기 위하여 아들들이 가지고 온 그의 가장 사랑하는 아들 요셉의 피 묻은 옷을 보고 애통하는 야곱을 상상해 보십시오.

도움의 말

요셉의 형들이 숫염소를 죽여 그 피로 요셉의 채색옷을 적시고 아버지 야곱에게 가지고 와서 "우리가 이것을 발견하였으니 아버지 아들의 옷인가 보소서"라고 말합니다. 이로 보아 요셉의 형들은 동생인 요셉만 미워하고 증오한 것이 아니라 아버지 야곱을 향한 감정도 좋지 않았다는 것이 드러납니다. 과거에 자기 형의 옷과 염소 새끼로 아버지 이삭을 속였던 야곱은 요셉의 채색옷을 보고 다음과 같이 세 가지를 말합니다. 첫째는 "내 아들 요셉의 옷이라."이고, 둘째는 "악한 짐승이 그를 잡아먹었다."이고, 셋째는 "요셉이 정녕 찢겼도다."입니다. 그리고 난 후 아버지 야곱은 자기 옷을 찢고, 굵은 베로 허리를 묶고, 오래도록 아들 요셉을 위하여 애통합니다.

27 차라리 스올에 내려가 죽은 줄로 아는 요셉 만나기를 바라는 야곱

창세기 37 : 35~36

그의 모든 자녀가 위로하되 그가 그 위로를 받지 아니하여 이르되 내가 슬퍼하며 스올로 내려가 아들에게로 가리라 하고 그의 아버지가 그를 위하여 울었더라 그 미디안 사람들은 그를 애굽에서 바로의 신하 친위대장 보디발에게 팔았더라

기도 요점

같이 죽고 싶을 만큼의 사람을 잃은 경험이 있습니까? 요셉이 죽은 줄로 알고, 모든 자녀들의 위로를 뒤로한 채 슬퍼하면서 "스올로 내려가 아들에게로 가리라"라고 울부짖는 아버지 야곱을 상상해 보십시오.

도움의 말

모든 자녀들이 아버지 야곱을 위로하지만, 그는 죽은 줄로 알고 있는 요셉을 위하여 애통하기를 멈추지 않습니다. 야곱이 슬퍼하며 "스올로 내려가 아들에게로 가리라"라고 울부짖습니다. 구약성경에서 스올은 죽은 사람들이 거하는 곳인데, 그곳에서 죽은 사람들의 영들은 환영(幻影)적이며, 다소 불행한 존재로 머물러 있다고 합니다(참조. 사 14 : 14-20). 스올은 하나님의 권능이 미치지 않는 곳에 있지 않지만(암 9 : 2), 시편에서는 스올로부터의 구원을 위하여 기도한다고 합니다. 아버지 야곱이 요셉을 위하여 이처럼 애통하는 사이에 요셉은 애굽 왕의 신하 보디발에게 팔리게 되어 그곳에서의 새로운 삶을 시작하게 됩니다.

28 가나안 여자와 결혼하는 유다

창세기 38 : 1~5

그 후에 유다가 자기 형제들로부터 떠나 내려가서 아둘람 사람 히라와 가까이하니라 유다가 거기서 가나안 사람 수아라 하는 자의 딸을 보고 그를 데리고 동침하니 그가 임신하여 아들을 낳으매 유다가 그의 이름을 엘이라 하니라 그가 다시 임신하여 아들을 낳고 그의 이름을 오난이라 하고 그가 또다시 아들을 낳고 그의 이름을 셀라라 하니라 그가 셀라를 낳을 때에 유다는 거십에 있었더라

기도 요점

믿지 않는 가정과의 결혼을 금하는 것에 대하여 어떻게 생각합니까? 이스라엘에서 이방족속, 예를 들면 가나안 족속과의 통혼을 금하는 이유는 무엇입니까?

도움의 말

요셉은 애굽에서 새로운 삶을 살게 되는데, 그 사이에 그의 형 유다가 독자적으로 헤브론 북서쪽 약 24km 지점에 위치한 가나안 사람의 성읍 아둘람으로 내려갑니다. 그곳에서 그는 가나안 사람 수아의 딸과 결혼하여 아들 셋을 낳습니다. 당시 이스라엘에서는 가나안 사람과 결혼하는 것을 좋아하지 않았습니다. 그래서 아브라함은 종을 그의 고향으로 보내어 이삭의 아내 리브가를 맞이했고, 이삭과 리브가는 아들 에서가 가나안 여자와 결혼하는 것을 반대하였으며, 결국 야곱에게는 외삼촌의 딸을 아내로 맞이하도록 하였던 것입니다. 이처럼 이스라엘에서 가나안 여인과의 통혼을 금한 것은 하나님의 백성으로서의 주체성을 상실하여 가나안 족속과 함께 멸절당할 위험에 빠질 수 있기 때문입니다.

29 유다의 아들들과 결혼한 다말이 친정으로 가다

창세기 38 : 6~11

유다가 장자 엘을 위하여 아내를 데려오니 그의 이름은 다말이더라 유다의 장자 엘이 여호와가 보시기에 악하므로 여호와께서 그를 죽이신지라 유다가 오난에게 이르되 네 형수에게로 들어가서 남편의 아우 된 본분을 행하여 네 형을 위하여 씨가 있게 하라 오난이 그 씨가 자기 것이 되지 않을 줄 알므로 형수에게 들어갔을 때에 그의 형에게 씨를 주지 아니하려고 땅에 설정하매 그 일이 여호와가 보시기에 악하므로 여호와께서 그도 죽이시니 유다가 그의 며느리 다말에게 이르되 수절하고 네 아버지 집에 있어 내 아들 셀라가 장성하기를 기다리라 하니 셀라도 그 형들같이 죽을까 염려함이라 다말이 가서 그의 아버지 집에 있으니라

기도 요점

자신과 관련된 사람들의 악한 행위로 인하여 불이익을 당한 경험이 있습니까? 유다의 아들들이 하나님 보시기에 악하므로 죽게 되었음에도 불구하고 시아버지로부터 부당한 대우를 받는 다말을 상상해 보십시오.

도움의 말

다말과 결혼한 유다의 장자 엘이 하나님 보시기에 악하므로 죽게 되어 동생 오난과 수혼(과부가 고인의 형제와 결혼하는 관습)하여 다말로 하여금 죽은 남편을 위하여 아들을 생산하게 합니다. 그러나 오난이 그 씨가 자기 것이 되지 않을 줄 알므로 형수 다말에게 들어가서 땅에 설정합니다. 이 일이 하나님 보시기에 악하므로 오난 역시 죽게 됩니다. 이렇게 되니 시아버지 유다는 셀라도 그 형들처럼 죽을까 염려하여 며느리 다말에게 "수절하고 네 아버지 집에 가서 셀라가 장성할 때까지 기다리라."라고 말합니다.

30 시아버지 유다를 함정에 빠뜨리는 며느리 다말

창세기 38 : 12~14

얼마 후에 유다의 아내 수아의 딸이 죽은지라 유다가 위로를 받은 후에 그의 친구 아둘람 사람 히라와 함께 딤나로 올라가서 자기의 양털 깎는 자에게 이르렀더니 어떤 사람이 다말에게 말하되 네 시아버지가 자기의 양털을 깎으려고 딤나에 올라왔다 한지라 그가 그 과부의 의복을 벗고 너울로 얼굴을 가리고 몸을 휩싸고 딤나 길 곁 에나임 문에 앉으니 이는 셀라가 장성함을 보았어도 자기를 그의 아내로 주지 않음으로 말미암음이라

기도 요점

표리부동한 행동 때문에 누군가를 함정에 빠뜨리려는 책략을 시도해 본 경험이 있습니까? 친정에서 셀라와의 결혼을 기다리고 있었던 다말이 그 시부의 표리부동한 행동 때문에 그를 함정에 빠뜨리려고 과부 옷을 벗고, 창녀의 옷을 입은 채 앉아서 그를 기다리고 있는 모습을 상상해 보십시오.

도움의 말

유다의 아들 셀라가 장성하였음에도 불구하고 친정에서 셀라와의 수혼을 기다리고 있는 다말은 시아버지로부터 아무런 소식을 듣지 못합니다. 그런데 시아버지는 그의 아내가 죽고 위로를 받고 난 후 친구 아둘람 사람 히라와 함께 딤나로 가서 양털 깎는 자에게 이릅니다. 당시 양털 깎는 행사는 바쁜 축제일로 큰 잔치와 함께 여러 날 걸렸다고 합니다. 이 사실을 어떤 사람이 다말에게 알게 합니다. 그래서 다말은 입고 있던 과부의 옷을 벗고, 사치스런 창녀의 복장으로 갈아입고, 시부 유다를 유혹하려고 광장에 나가 앉습니다. 시아버지 유다의 표리부동한 행동으로 인하여 다말은 그를 함정에 빠뜨리려 합니다.

31 나로 네게 들어가게 하라

창세기 38 : 15~18

그가 얼굴을 가리었으므로 유다가 그를 보고 창녀로 여겨 길 곁으로 그에게 나아가 이르되 청하건대 나로 네게 들어가게 하라 하니 그의 며느리인 줄을 알지 못하였음이라 그가 이르되 당신이 무엇을 주고 내게 들어오려느냐 유다가 이르되 내가 내 떼에서 염소 새끼를 주리라 그가 이르되 당신이 그것을 줄 때까지 담보물을 주겠느냐 유다가 이르되 무슨 담보물을 네게 주랴 그가 이르되 당신의 도장과 그 끈과 당신의 손에 있는 지팡이로 하라 유다가 그것들을 그에게 주고 그에게로 들어갔더니 그가 유다로 말미암아 임신하였더라

기도 요점

과부 며느리인 줄 모르는 시부 유다가 담보물을 주고 그녀에게 들어가 그녀로 하여금 임신하게 하는데, 이에 대한 자신의 반응은 무엇입니까? 과부 며느리 다말과 시부 유다 사이의 대화를 상상해 보십시오.

도움의 말

시부 유다는 과부 며느리 다말을 창녀로 알고 그녀에게 "나로 네게 들어가게 하라"고 말을 겁니다. 다말이 몸을 주는 대가를 묻자, 유다는 염소 새끼를 준다고 대답합니다. 그러자 다말은 염소 새끼를 줄 때까지 무엇을 담보물로 주겠느냐고 묻습니다. 이에 유다가 무슨 담보물을 원하느냐고 되묻습니다. 그러자 다말은 당시 소유자의 신분과 권리를 상징하는 도장과 그 끈, 즉 도장의 가운데가 꿰매진 끈과 지팡이를 요구하는데, 지팡이 머리에는 누구의 것인지를 나타내는 표시가 되어 있었다고 합니다. 시부 유다가 며느리 다말이 요구하는 담보물을 주고 다말에게 들어가므로 그녀가 임신하게 됩니다.

32 그로 그것을 가지게 두라

창세기 38 : 19~23

그가 일어나 떠나가서 그 너울을 벗고 과부의 의복을 도로 입으니라 유다가 그 친구 아둘람 사람의 손에 부탁하여 염소 새끼를 보내고 그 여인의 손에서 담보물을 찾으려 하였으나 그가 그 여인을 찾지 못한지라 그가 그 곳 사람에게 물어 이르되 길 곁 에나임에 있던 창녀가 어디 있느냐 그들이 이르되 여기는 창녀가 없느니라 그가 유다에게로 돌아와 이르되 내가 그를 찾지 못하였고 그곳 사람도 이르기를 거기에는 창녀가 없다 하더이다 하더라 유다가 이르되 그로 그것을 가지게 두라 우리가 부끄러움을 당할까 하노라 내가 이 염소새끼를 보냈으나 그대가 그를 찾지 못하였느니라

기도 요점

잘못된 일의 진실을 숨기려고 노력해 본 경험이 있으십니까? 창녀로 변장한 며느리 다말의 행방을 알지 못한다는 소식을 듣고, "그로 그것, 즉 담보물을 가지게 두라."고 말하는 시부 유다를 상상해 보십시오.

도움의 말

시부 유다가 그의 친구 아둘람 사람을 창녀로 변장한 다말에게 보내어 염소 새끼를 주고, 담보물들을 찾으려 합니다. 그러나 다말이 창녀의 옷을 벗고, 과부의 의복을 다시 입고 있으므로 그 친구는 다말을 찾을 수 없었습니다. 그리하여 친구가 유다에게 창녀를 찾지 못하였다고 하자 그는 "그로 그것을 가지게 두라"라고 말하면서 부끄러움을 당할까 염려합니다. 시부 유다는 잘못된 행동을 뉘우치기보다 소문으로 인하여 부끄러움을 당할까 염려하고 있습니다. 연이어 유다는 "나는 약속한 대로 염소 새끼를 보냈으나 그대가 그를 찾지 못하였으니 내가 할 수 있는 일은 다했다."라고 말합니다.

33 그는 나보다 옳도다

창세기 38 : 24~26

석 달쯤 후에 어떤 사람이 유다에게 일러 말하되 네 며느리 다말이 행음하였고 그 행음함으로 말미암아 임신하였느니라 유다가 이르되 그를 끌어내어 불사르라 여인이 끌려 나갈 때에 사람을 보내어 시아버지에게 이르되 이 물건 임자로 말미암아 임신하였나이다 청하건대 보소서 이 도장과 그 끈과 지팡이가 누구의 것이니이까 한지라 유다가 그것들을 알아보고 이르되 그는 나보다 옳도다 내가 그를 내 아들 셀라에게 주지 아니하였음이로다 하고 다시는 그를 가까이하지 아니하였더라

기도 요점

며느리 다말을 임신케 한 장본인이 자신인 줄 알 뿐만 아니라 그녀에게 그의 아들 셀라로 인하여 후손을 갖게 해 주겠다는 약조를 지키지 않은 자신의 실책을 솔직하게 인정하고, 그녀의 임신을 있는 그대로 받아들이는 시부 유다를 상상해 보십시오.

도움의 말

시부 유다는 다말이 임신한 소식을 듣고 "그를 끌어내어 불사르라"고 호통칩니다. 당시 가족의 생사여탈권은 가장이 갖고 있었습니다. 다말은 끌려나가면서 사람을 보내어 시아버지에게 담보물로 갖고 있던 그 물건 임자로 말미암아 자신이 임신했음을 알립니다. 유다는 도장과 그 끈과 지팡이가 자신의 것인 줄 알아봅니다. 유다는 즉시 하나밖에 남지 않은 아들 셀라의 생명을 보존하려고 며느리 다말과의 약속을 지키지 않은 자신의 실책을 인정합니다. 그래서 "그는 나보다 옳도다"라고 말합니다. 다말의 임신을 자신의 잘못과 후손에 대한 다말의 갈망으로 인정하여, 있는 그대로 받아들입니다.

34 네가 어찌하여 터뜨리고 나오느냐

창세기 38 : 27~30

해산할 때에 보니 쌍태라 해산할 때에 손이 나오는지라 산파가 이르되 이는 먼저 나온 자라 하고 홍색 실을 가져다가 그 손에 매었더니 그 손을 도로 들이며 그의 아우가 나오는지라 산파가 이르되 네가 어찌하여 터뜨리고 나오느냐 하였으므로 그 이름을 베레스라 불렀고 그의 형 곧 손에 홍색 실 있는 자가 뒤에 나오니 그의 이름을 세라라 불렀더라

기도 요점

세상적으로 비난 받는 일 가운데서도 하나님의 섭리가 이뤄지는 것을 경험하셨습니까? 시부 유다와 며느리 다말로 말미암아 출생한 아들 '베레스'가 예수 그리스도의 직계 조상이 되는 것에 대한 자신의 반응은 무엇입니까?

도움의 말

다말이 해산할 때에야 비로소 쌍둥이라는 것을 알게 됩니다. 당시 장자의 명분이 매우 중요하므로 해산할 때 손이 먼저 나온 자를 홍색 실로 매었는데, 홍사를 맨 아이가 먼저 나오지 않고, 그 아우가 먼저 나옵니다. 그래서 산파가 그 아우에게 "네가 어찌하여 터뜨리고 나오느냐"라고 말하였으므로, 그의 이름을 '터짐'이라는 의미를 가진 '베레스'라고 부릅니다. 홍색 실 있는 자가 뒤에 나왔는데, 그의 이름을 '빛남, 밝음'이라는 의미를 지닌 '세라'라고 부릅니다. 시부 유다와 며느리 다말의 패륜에 의하여 탄생한 아우 베레스가 예수 그리스도의 직계 조상이 됩니다.

35 요셉과 함께하시는 하나님

창세기 39 : 1~3

요셉이 이끌려 애굽에 내려가매 바로의 신하 친위대장 애굽 사람 보디발이 그를 그리로 데려간 이스마엘 사람의 손에서 요셉을 사니라 여호와께서 요셉과 함께하시므로 그가 형통한 자가 되어 그의 주인 애굽 사람의 집에 있으니 그의 주인이 여호와께서 그와 함께하심을 보며 또 여호와께서 그의 범사에 형통하게 하심을 보았더라

기도 요점

하나님께서 함께하시는 것을 자신의 모든 일에서 경험하고 있습니까? 형들에 의하여 이방에 팔린 요셉과 함께하시며 모든 일을 형통하게 하시는 하나님을 묵상하십시오.

도움의 말

형들에 의하여 미디안 사람에게 팔린 요셉이 애굽에서 또다시 보디발에게 팔립니다. 애굽 사람 바로의 신하 친위대장 보디발이 요셉을 사게 되어 그 주인의 집에 있게 됩니다. 요셉이 이처럼 여러 번 팔리어 애굽까지 오게 되는데, 이때를 애굽의 중왕국(B.C. 2000-1800) 말기, 즉 12왕조 시대인 B.C. 1898년으로 본다고 합니다. 애굽에 팔려 온 요셉과 함께하시는 하나님으로 말미암아 그는 형통하게 되어 보디발 주인의 집에 거하게 되는데, 놀라운 것은 요셉의 주인 애굽 사람이 여호와께서 그와 함께하시는 것을 알았다는 것입니다. 요셉이 형들에 의하여 팔렸으나 하나님께서 그와 함께하시어 보디발 주인집에 머물게 하며, 또한 하나님께서 그의 모든 일을 형통하게 하십니다.

36 요셉으로 인하여 복을 받는 그의 주인

창세기 39 : 4~6상

요셉이 그의 주인에게 은혜를 입어 섬기매 그가 요셉을 가정 총무로 삼고 자기의 소유를 다 그의 손에 위탁하니 그가 요셉에게 자기의 집과 그의 모든 소유물을 주관하게 한 때부터 여호와께서 요셉을 위하여 그 애굽 사람의 집에 복을 내리시므로 여호와의 복이 그의 집과 밭에 있는 모든 소유에 미친지라 주인이 그의 소유를 다 요셉의 손에 위탁하고 자기가 먹는 음식 외에는 간섭하지 아니하였더라

기도 요점

하나님께서 함께하시는 사람으로 인하여 복을 받은 경험이 있습니까? 요셉으로 인하여 그와 화친하게 지내는 그의 주인의 집과 모든 소유에 복을 내리시는 하나님을 묵상하십시오.

도움의 말

요셉은 그와 함께하시는 하나님으로 인하여 모든 일이 형통합니다. 이 사실을 아는 그의 주인과 그는 특별한 관계를 갖게 됩니다. 요셉의 주인이 그를 자기 집의 총무로 삼아 자기의 소유를 다 그의 손에 위탁합니다. 요셉의 주인이 자신의 소유를 요셉에게 맡긴 이래 하나님께서 그를 위하여 그의 주인의 집과 모든 소유에 복을 내리십니다. 요셉의 주인은 자기가 먹는 음식 외에는 전혀 간섭하지 않을 만큼 그를 신뢰합니다. 특별히 먹는 음식을 요셉에게 맡기지 않은 이유는 당시 애굽인과 히브리인 사이의 식사 규정이 달랐기 때문이라고 합니다.

37 어찌 이 큰 악을 행하여 하나님께 죄를 지으리이까

창세기 39 : 6하~9

요셉은 용모가 빼어나고 아름다웠더라 그 후에 그의 주인의 아내가 요셉에게 눈짓하다가 동침하기를 청하니 요셉이 거절하며 자기 주인의 아내에게 이르되 내 주인이 집안의 모든 소유를 간섭하지 아니하고 다 내 손에 위탁하였으니 이 집에는 나보다 큰 이가 없으며 주인이 아무것도 내게 금하지 아니하였어도 금한 것은 당신뿐이니 당신은 그의 아내임이라 그런즉 내가 어찌 이 큰 악을 행하여 하나님께 죄를 지으리이까

기도 요점

다른 사람의 유혹을 받아 본 경험이 있습니까? 노예로 있는 주인집 아내로부터 강권적인 유혹을 받고, 세 가지 이유를 설명하면서 이를 완강하게 거절하는 요셉을 상상해 보십시오.

도움의 말

요셉이 팔린 지 약 10년 후에 그의 주인 보디발의 아내는 용모가 준수한 그에게 매료되어 동침하기를 청합니다. 그녀는 히브리 노예 요셉을 자기 마음대로 취할 줄 알았지만, 요셉은 세 가지 이유를 설명하면서 그녀의 청을 완강하게 거절합니다. 첫째, 종으로서 요셉 자신을 신뢰하는 보디발 주인의 신뢰를 저버릴 수 없다는 것이며, 둘째, 윤리적인 면에서 그녀의 남편이며, 요셉의 주인인 보디발에게 죄를 지을 수 없다는 것이며, 셋째, 이 일을 통하여 하나님께 죄를 짓지 않겠다는 것입니다. 그래서 요셉은 보디발의 아내에게 "내가 어찌 당신의 청을 들음으로써 이러한 큰 악을 행하리이까?"라고 서슴없이 말합니다.

38 옷을 빼앗긴 채로 도망치는 요셉

창세기 39 : 10~12

여인이 날마다 요셉에게 청하였으나 요셉이 듣지 아니하여 동침하지 아니할 뿐더러 함께 있지도 아니하니라 그러할 때에 요셉이 그의 일을 하러 그 집에 들어갔더니 그 집 사람들은 하나도 거기에 없었더라 그 여인이 그의 옷을 잡고 이르되 나와 동침하자 그러나 요셉이 자기의 옷을 그 여인의 손에 버려두고 밖으로 나가매

기도 요점

어떤 유혹에 필사적인 항거를 해 본 경험이 있습니까? 반복하여 명령조로 날마다 동침을 요구하며, 끝내는 옷자락을 붙잡고 강요하는 주인 보디발의 아내를 뿌리치고 옷을 그녀의 손에 둔 채로 도망쳐 나오는 요셉을 상상해 보십시오.

도움의 말

주인 보디발의 아내가 반복하여 날마다 요셉에게 동침하기를 청하므로 그는 그녀와 함께 있지도 아니합니다. 아마도 그녀는 안주인이라는 명목으로 노예이며, 그녀의 종인 요셉에게 유혹과 협박을 멈추지 않은 것 같습니다. 때문에 요셉이 시험에 빠지게 하는 그녀를 멀리한 것으로 보입니다. 그러던 어느 날 요셉이 공식적인 업무를 위하여 보디발의 집에 들어갔을 때, 마침 그곳에는 그 집 사람들이 하나도 없었는데, 이러한 틈을 타서 그녀가 동침하자고 명령하면서 요셉의 옷을 잡습니다. 그러자 요셉이 자기 옷을 그녀에 손에 둔 채로 몸만 빠져나옵니다. 이는 그녀의 요청에 대한 요셉의 필사적인 항거입니다.

39 희롱한 사람으로 몰아가는 주인마님

창세기 39 : 13~18

그 여인이 요셉이 그의 옷을 자기 손에 버려두고 도망하여 나감을 보고 그 여인의 집 사람들을 불러서 그들에게 이르되 보라 주인이 히브리 사람을 우리에게 데려다가 우리를 희롱하게 하는도다 그가 나와 동침하고자 내게로 들어오므로 내가 크게 소리 질렀더니 그가 나의 소리 질러 부름을 듣고 그의 옷을 내게 버려두고 도망하여 나갔느니라 하고 그의 옷을 곁에 두고 자기 주인이 집으로 돌아오기를 기다려 이 말로 그에게 말하여 이르되 당신이 우리에게 데려온 히브리 종이 나를 희롱하려고 내게로 들어왔으므로 내가 소리 질러 불렀더니 그가 그의 옷을 내게 버려두고 밖으로 도망하여 나갔나이다

기도 요점

부당한 방법으로 자신을 좋지 않은 사람으로 몰아간 사람들이 있습니까? 보디발의 아내가 그녀의 남편과 그녀의 사람들 앞에서 사실을 왜곡하면서 요셉을 '우리를 희롱한 사람'으로 몰아가는 상황을 상상해 보십시오.

도움의 말

주인 보디발의 아내가 요셉에게 동침을 요구하는 것을 직접 본 사람이 집에 아무도 없었고, 요셉이 그녀의 손에 옷을 남겨 둔 채로 도망하였기에 사실을 호도하기 시작합니다. 그녀는 요셉의 옷을 사람들 앞에서 흔들면서 "그가 우리를 희롱하였다."라고 말하면서 "그가 나와 동침하고자 내게 들어왔기에 내가 크게 소리치자 옷을 내게 두고 도망하였다."고 합니다. 남편이 돌아오자 그녀는 또한 민족적 편견을 환기시키면서, "당신이 우리에게 데려온 히브리 종이 나를 희롱하였다."라고 말합니다. 이와 같은 방법으로 요셉의 주인마님, 보디발의 아내가 요셉을 희롱한 사람으로 몰아갑니다.

40 오해로 옥에 갇힌 요셉

창세기 39 : 19~23

그의 주인이 자기 아내가 자기에게 이르기를 당신의 종이 내게 이같이 행하였다 하는 말을 듣고 심히 노한지라 이에 요셉의 주인이 그를 잡아 옥에 가두니 그 옥은 왕의 죄수를 가두는 곳이었더라 요셉이 옥에 갇혔으나 여호와께서 요셉과 함께하시고 그에게 인자를 더하사 간수장에게 은혜를 받게 하시매 간수장이 옥중 죄수를 다 요셉의 손에 맡기므로 그 제반 사무를 요셉이 처리하고 간수장은 그의 손에 맡긴 것을 무엇이든지 살펴보지 아니하였으니 이는 여호와께서 요셉과 함께하심이라 여호와께서 그를 범사에 형통하게 하셨더라

기도 요점

오해로 옥에 갇힌 요셉이 간수장의 호의로 편안한 옥 생활을 하게 된 경위는 무엇입니까? 요셉의 어떤 상황에서도 함께하시어 그를 범사에 형통하게 하시는 하나님을 묵상하십시오.

도움의 말

아내의 거짓된 진술을 들은 요셉의 주인 보디발이 분노하여 그를 왕의 죄수를 가두는 곳에 가둡니다. 요셉은 자신의 무죄함을 그 누구에게도 말하지 않고 옥 안에서의 생활을 합니다. 그러나 하나님께서 옥중에서도 그와 함께하실 뿐만 아니라 인자를 더하시므로 간수장에게 은혜를 받게 하십니다. 그리하여 간수장은 요셉으로 하여금 옥중 죄수를 다 맡겨 제반 사무를 처리하게 합니다. 그가 모든 일을 성실하게 집행하므로 간수장은 그의 손에 맡긴 것을 무엇이든지 다시 살펴보지도 않습니다. 이는 하나님께서 요셉과 함께하시어 그를 모든 일에 형통하게 하셨기 때문입니다.

나!1 두 관원장을 수종 들게 된 요셉

창세기 40 : 1~4상

그 후에 애굽 왕의 술 맡은 자와 떡 굽는 자가 그들의 주인 애굽 왕에게 범죄한지라 바로가 그 두 관원장 곧 술 맡은 관원장과 떡 굽는 관원장에게 노하여 그들을 친위대장의 집 안에 있는 옥에 가두니 곧 요셉이 갇힌 곳이라 친위대장이 요셉에게 그들을 수종 들게 하매 요셉이 그들을 섬겼더라

기도 요점

어려운 환경에 있음에도 불구하고 힘을 다하여 다른 사람을 섬겼던 경험이 있습니까? 국가 고위직에 있는 두 관원장이 요셉이 갇혀 있는 옥에 들어오자, 그의 주인이며 친위대장인 보디발이 요셉으로 하여금 그 두 사람을 섬기게 하였습니다. 정성껏 그들을 섬기고 있는 요셉을 상상해 보십시오.

도움의 말

요셉이 왕의 죄수들을 가두는 옥에 갇힌 지 얼마 후(아마도 상당한 시간이 경과한 것으로 봅니다.), 새로운 죄수 둘이 친위대장 보디발의 집 안에 있는 옥에 도착합니다. 하나는 왕의 술을 맡은 관원장이고, 다른 하나는 왕의 떡을 굽는 관원장입니다. 이 두 관원장은 국가의 고위직에 있었는데, 이들이 다시 복직될 경우, 친위대장에게 특혜를 베풀 수 있는 위치였다고 합니다. 어떤 연고인지 확실하지 않으나 친위대장이 요셉으로 하여금 그 두 관원장들을 수종 들게 합니다. 억울하게 옥에 갇혀 있는 요셉은 그 두 사람을 정성을 다하여 섬겼다고 합니다.

42 해석은 하나님께 있지 아니하니이까

창세기 40 : 4하~8

그들이 갇힌 지 여러 날이라 옥에 갇힌 애굽 왕의 술 맡은 자와 떡 굽는 자 두 사람이 하룻밤에 꿈을 꾸니 각기 그 내용이 다르더라 아침에 요셉이 들어가 보니 그들에게 근심의 빛이 있는지라 요셉이 그 주인의 집에 자기와 함께 갇힌 바로의 신하들에게 묻되 어찌하여 오늘 당신들의 얼굴에 근심의 빛이 있나이까 그들이 그에게 이르되 우리가 꿈을 꾸었으나 이를 해석할 자가 없도다 요셉이 그들에게 이르되 해석은 하나님께 있지 아니하니이까 청하건대 내게 이르소서

기도 요점

의미 있는 꿈을 꾸고 난 후, 가끔 이 꿈의 해석에 대하여 조바심해 본 경험이 있습니까? 요셉처럼 의미 있는 꿈의 해석이 하나님께 있다고 믿으십니까?

도움의 말

왕의 술을 맡은 관원장과 왕의 떡을 굽는 관원장이 옥에 갇힌 지 여러 날 후, 두 사람이 하룻밤에 꿈을 꾸고 얼굴에 근심이 가득합니다. 그 꿈의 의미는 전문가에게 의뢰해야 하지만, 옥에 갇혀 있기 때문에 전문가들을 접할 수 없습니다. 그래서 두 관원장의 얼굴에 근심의 빛이 있었던 것입니다. 요셉이 그들의 근심을 눈치채고 그들에게 "어찌하여 오늘 당신들의 얼굴에 근심의 빛이 있나이까"라고 묻습니다. 그러자 그들은 "우리가 꿈을 꾸었으나 이를 해석할 자가 없도다"라고 하며 근심의 원인을 요셉에게 털어놓습니다. 이를 알게 된 요셉이 그들에게 "해석은 하나님께 있지 아니하니이까"라고 말하면서, 그들의 꿈 해석을 자신에게 청하라고 말합니다.

43 술 맡은 관원장의 꿈

창세기 40 : 9~13

술 맡은 관원장이 그의 꿈을 요셉에게 말하여 이르되 내가 꿈에 보니 내 앞에 포도나무가 있는데 그 나무에 세 가지가 있고 싹이 나서 꽃이 피고 포도송이가 익었고 내 손에 바로의 잔이 있기로 내가 포도를 따서 그 즙을 바로의 잔에 짜서 그 잔을 바로의 손에 드렸노라 요셉이 그에게 이르되 그 해석이 이러하니 세 가지는 사흘이라 지금부터 사흘 안에 바로가 당신의 머리를 들고 당신의 전직을 회복시키리니 당신이 그 전에 술 맡은 자가 되었을 때에 하던 것같이 바로의 잔을 그의 손에 드리게 되리이다

기도 요점

꿈을 꾼 후 꿈 그대로 성취되었던 경험이 있으십니까? 술 관원장의 꿈의 내용을 듣고 서슴지 않고 해몽하는 요셉을 상상해 보십시오.

도움의 말

술 관원장의 꿈의 내용은 포도나무에 세 가지가 있고, 싹이 나서, 꽃이 피고 포도송이가 익는 성장의 세 단계의 꿈입니다. 그리고 또한 그의 꿈의 내용은 포도를 따고, 그 즙을 짜서, 그 포도주를 바로의 잔에 담아 바로에게 올리는 세 가지 행동입니다. 술 관원장의 이러한 꿈 이야기를 들은 요셉은 주저함 없이 바로 해몽하는데, 구체적으로 세 가지는 사흘이므로 지금부터 사흘 안에 옥에서 나가 전직이 회복될 것이라고 말합니다. 하나님의 지혜의 영으로 충만한 요셉은 술 관원장의 꿈이 그의 사면과 복권을 알려주는 것이므로, 그가 과거 술 관원장일 때 하였던 것처럼 바로의 잔을 그의 손에 드리게 되리라고 말합니다.

나나 이 집에서 나를 건져 주소서

창세기 40 : 14~15

당신이 잘 되시거든 나를 생각하고 내게 은혜를 베풀어서 내 사정을 바로에게 아뢰어 이 집에서 나를 건져 주소서 나는 히브리 땅에서 끌려온 자요 여기서도 옥에 갇힐 일은 행하지 아니하였나이다

기도 요점

"이 집에서 나를 건져 주소서"라는 간청을 할 정도로 힘든 환경 속에 갇혀 있었던 경험이 있습니까? 술 관원장의 꿈을 해몽한 후, "일이 형통하게 되면 나를 기억하여 이 옥에서 건져 달라."고 청하는 요셉을 상상해 보십시오.

도움의 말

요셉은 술 관원장에게 꿈 해몽을 해 준 후, 자신의 해몽에 대한 확신으로 "당신이 잘 되시거든 나를 생각하고 내 사정을 바로에게 아뢰어 달라." 고 그에게 청합니다. 그러면서 요셉은 관원장에게 '나는 히브리 땅에서 끌려온 사람'이라고 자기소개를 합니다. 이어서 요셉이 자신은 가나안에 있는 고향, 히브리 땅에서 여기 애굽까지 끌려왔지만, 여기서도 옥에 갇힐 일은 행하지 않았다는 사실을 그에게 분명하게 말하면서 일이 잘 되어 형통하게 되면, 자신을 기억하여 제발 이 옥에서 건져 달라고 청합니다.

45 떡 굽는 관원장의 꿈

창세기 40 : 16~19

떡 굽는 관원장이 그 해석이 좋은 것을 보고 요셉에게 이르되 나도 꿈에 보니 흰 떡 세 광주리가 내 머리에 있고 맨 윗 광주리에 바로를 위하여 만든 각종 구운 음식이 있는데 새들이 내 머리의 광주리에서 그것을 먹더라 요셉이 대답하여 이르되 그 해석은 이러하니 세 광주리는 사흘이라 지금부터 사흘 안에 바로가 당신의 머리를 들고 당신을 나무에 달리니 새들이 당신의 고기를 뜯어 먹으리이다 하더니

기도 요점

앞으로 다가올 다른 사람의 불행을 확신을 갖고 요셉처럼 있는 그대로 그에게 말할 수 있습니까? 떡 굽는 관원장의 꿈을 듣고, 수치스러운 죽음을 당할 것이라고 확신에 차서 해몽하는 요셉과 이를 듣고 있는 떡 굽는 관원장을 상상해 보십시오.

도움의 말

술 관원장의 꿈 해몽이 낙관적이자, 떡 굽는 관원장도 자신의 꿈을 요셉에게 말합니다. 그는 흰 떡 세 광주리가 그의 머리에 있고, 맨 윗 광주리에 바로를 위하여 만든 각종 구운 음식이 있는데, 새들이 그의 머리의 광주리에서 그것을 먹는 꿈을 꾸었다고 말합니다. 이를 다 듣고 있던 요셉이 사흘 안에 바로가 당신을 교수형에 처할 것이라 해몽합니다. 게다가 요셉은 죽임을 당한 그의 시신이 나무 기둥에 매달려 새들이 그의 살을 쪼아 먹으며, 이러한 그의 죽음의 수치가 군중에게 공개적으로 드러날 것이라고 말합니다. 이러한 극형 집행제도가 페르시아와 카르타고인들에게도 전해진다고 합니다.

46 요셉을 잊은 술 맡은 관원장

창세기 40 : 20~23

제삼 일은 바로의 생일이라 바로가 그의 모든 신하를 위하여 잔치를 베풀 때에 술 맡은 관원장과 떡 굽는 관원장에게 그의 신하들 중에 머리를 들게 하니라 바로의 술 맡은 관원장은 전직을 회복하매 그가 잔을 바로의 손에 받들어 드렸고 떡 굽는 관원장은 매달리니 요셉이 그들에게 해석함과 같이 되었으나 술 맡은 관원장이 요셉을 기억하지 못하고 그를 잊었더라

기도 요점

어려울 때 은혜 베푼 사람을 까맣게 잊고 있지 않습니까? 요셉의 꿈 해석처럼 술 관원장의 전직이 회복되었으나 요셉의 부탁을 까맣게 잊고 있는 술 관원장을 상상해 보십시오.

도움의 말

바로의 생일에 사면을 내리는 것은 후대 이집트 문서에 가끔 언급된다고 합니다. 이때 거대한 잔치와 함께 각종 죄수들이 왕의 사면을 받기도 하고 또한 처형을 당하기도 했습니다. 애굽의 잔은 손잡이가 없어서 손바닥 위에 올려놓았다고 합니다. 그래서 요셉의 해몽대로 삼 일 후 바로의 생일에 옥에 갇혔던 술 관원장의 전직이 회복되어 잔을 바로의 손에 받들어 드립니다. 그러나 술 관원장은 꿈의 길조를 해몽할 당시의 요셉의 부탁을 까맣게 잊습니다. 반면 떡 굽는 관원장은 요셉의 해몽대로 죽어 그의 시신이 나무에 매달립니다. 이러한 처형 방식은 신에게 저주받은 자들의 죽음을 상징하며, 신의 축복이 깃든 땅을 더럽히지 않기 위한 방식이라고 합니다.

나7 바로의 의미심장한 꿈

창세기 41 : 1~7

만 이 년 후에 바로가 꿈을 꾼즉 자기가 나일 강가에 서 있는데 보니 아름답고 살진 일곱 암소가 강가에서 올라와 갈밭에서 뜯어먹고 그 뒤에 또 흉하고 파리한 다른 일곱 암소가 나일 강가에서 올라와 그 소와 함께 나일 강가에 서 있더니 그 흉하고 파리한 소가 그 아름답고 살진 일곱 소를 먹은지라 바로가 곧 깨었다가 다시 잠이 들어 꿈을 꾸니 한 줄기에 무성하고 충실한 일곱 이삭이 나오고 그 후에 또 가늘고 동풍에 마른 일곱 이삭이 나오더니 그 가는 일곱 이삭이 무성하고 충실한 일곱 이삭을 삼킨지라 바로가 깬즉 꿈이라

기도 요점

의미심장한 꿈으로 번민해 본 경험이 있습니까? 바로가 같은 날 두 번씩이나 비슷한 꿈을 꾸고 번민하는 상황을 상상해 보십시오.

도움의 말

바로의 술을 맡은 관원장이 복직된 지 만 이 년 후는 요셉이 애굽에 팔려 온 지 13년 후로, 그의 나이가 30세 되던 해입니다. 이때 바로가 두 가지 꿈을 꿉니다. 하나는 애굽에서 땅과 농사와 땅에서 나는 소출을 상징하는 아름답고 살진 일곱 암소가 올라와 나일 강가에서 자라는 식물을 뜯어먹고, 이어서 흉하고 파리한 일곱 암소가 나일 강가에서 올라와 그 아름답고 살진 일곱 소를 먹는 꿈입니다. 다른 하나는 곡창지대였던 애굽의 충실한 일곱 이삭이 동풍에 마른 세약한 일곱 이삭에게 삼켜지는 꿈입니다. 당시 짧은 시간 안에 반복되는 꿈이란 그 꿈의 확실성을 입증하였다고 합니다. 그러므로 바로가 두 번째 꾼 꿈은 첫 번째 꾼 꿈을 확증시켜 준 셈입니다.

48 오늘 내 죄를 기억하나이다

창세기 41 : 8~13

아침에 그의 마음이 번민하여 사람을 보내어 애굽의 점술가와 현인들을 모두 불러 그들에게 그의 꿈을 말하였으나 그것을 바로에게 해석하는 자가 없었더라 술 맡은 관원장이 바로에게 말하여 이르되 내가 오늘 내 죄를 기억하나이다 바로께서 종들에게 노하사 나와 떡 굽는 관원장을 친위대장의 집에 가두셨을 때에 나와 그가 하룻밤에 꿈을 꾼즉 각기 뜻이 있는 꿈이라 그곳에 친위대장의 종 된 히브리 청년이 우리와 함께 있기로 우리가 그에게 말하매 그가 우리의 꿈을 풀되 그 꿈대로 각 사람에게 해석하더니 그 해석한 대로 되어 나는 복직되고 그는 매달렸나이다

기도 요점

은혜 입은 사람의 생존과 관련된 부탁을 받고서도 이를 잊어버렸던 경험이 있습니까? 요셉을 떠올리면서 "오늘 내 죄를 기억하나이다"라고 말하는 술 관원장을 상상해 보십시오.

도움의 말

번민하는 바로 왕의 꿈을 누구도 해석하지 못합니다. 그러자 술 맡은 관원장이 바로에게 "오늘 내 죄를 기억하나이다"라고 말합니다. 이는 아마도 옥에 갇혔을 때 요셉이 자기 사정을 바로에게 말씀드려 달라고 부탁한 것을 망각하고 있었던 것을 의미하는 듯합니다. 혹은 바로에 대한 자신의 범죄(창 40 : 1)를 회상하는 말일 수도 있습니다. 아무튼 술 관원장이 과거 옥에 있을 때 자신의 꿈과 떡 굽는 관원장의 꿈을 친위대장의 종 된 히브리 청년, 요셉이 해몽하였는데, 그의 해몽대로 술 관원장인 자신은 복직되고, 떡 굽는 관원장은 나무에 달린 사실을 바로에게 말합니다.

49 하나님께서 편안한 대답을 하시리이다

창세기 41 : 14~16

이에 바로가 사람을 보내어 요셉을 부르매 그들이 급히 그를 옥에서 내놓은지라 요셉이 곧 수염을 깎고 그의 옷을 갈아입고 바로에게 들어가니 바로가 요셉에게 이르되 내가 한 꿈을 꾸었으나 그것을 해석하는 자가 없더니 들은즉 너는 꿈을 들으면 능히 푼다 하더라 요셉이 바로에게 대답하여 이르되 내가 아니라 하나님께서 바로에게 편안한 대답을 하시리이다

기도 요점

범사에 하나님의 편안한 응답을 기대하면서 살고 계십니까? 형들에 의하여 팔려 가 고생 끝에 애굽의 친위대장 집에서 잘 지내다가 그 부인의 계교로 인하여 옥에 갇혀서 지냈던 요셉과 또한 그의 꿈 해몽의 은사도 하나님으로 말미암은 것이라고 누구에게나 확신 있게 증언하는 요셉을 상상해 보십시오.

도움의 말

바로가 급히 사람을 보내어 요셉을 옥에서 데려옵니다. 애굽인들은 히브리인들과 달리 머리털이나 턱수염을 기르지 않으므로 바로 왕을 알현하기 위하여 요셉이 수염을 깎고 겉옷과 담요로 쓰이는 외투(머리를 내놓는 구멍이 있는 담요와 같은 외투)를 입고 바로에게 들어갑니다. 바로가 요셉에게 "너는 꿈을 들으면, 능히 푼다."는 말을 들었다고 하자, 요셉이 꿈의 해석은 자신이 하는 것이 아니라 하나님께서 하신다고 말합니다. 요셉이 바로의 꿈을 해몽하는 것은 자기의 기술이 아니라 하나님이심을 밝히는 것입니다. 그렇기 때문에 요셉은 하나님께서 바로에게 편안한 대답을 하실 것이라고 확신 있게 말합니다.

50 자신의 꿈에 대하여 두려워하는 바로

창세기 41 : 17~24

바로가 요셉에게 이르되 내가 꿈에 나일 강가에 서서 보니 살지고 아름다운 일곱 암소가 나일 강가에 올라와 갈밭에서 뜯어먹고 그 뒤에 또 약하고 심히 흉하고 파리한 일곱 암소가 올라오니 그같이 흉한 것들은 애굽 땅에서 내가 아직 보지 못한 것이라 그 파리하고 흉한 소가 처음의 일곱 살진 소를 먹었으며 먹었으나 먹은 듯 하지 아니하고 여전히 흉하더라 내가 곧 깨었다가 다시 꿈에 보니 한 줄기에 무성하고 충실한 일곱 이삭이 나오고 그 후에 또 가늘고 동풍에 마른 일곱 이삭이 나더니 그 가는 이삭이 좋은 일곱 이삭을 삼키더라 내가 그 꿈을 점술가에게 말하였으나 그것을 내게 풀이해 주는 자가 없느니라

기도 요점

비슷한 의미를 지닌 두 종류의 꿈을 꾸고 두려워하는 바로를 상상하십시오.

도움의 말

여기서 바로가 요셉에게 설명하는 꿈의 내용은 바로의 솔직한 느낌을 드러내고 있다는 의미에서 창세기 41 : 1~7의 꿈 내용과 약간의 차이가 있습니다. 예를 들면, 바로는 요셉에게 파리한 암소들과 세약한 이삭들에 대한 그의 두려움을 "그같이 흉한 것들은 애굽 땅에서 내가 아직 보지 못한 것"이라고 표현합니다. 그리고 또한 흉한 암소들이 살진 암소들을 잡아먹은 후 '아무도 그 사실을 알지 못할 정도'로 처음처럼 여전히 흉하였다고 느낌을 말합니다. 이와 같이 바로는 자신의 꿈에 대한 심각성을 솔직하게 요셉에게 털어놓습니다. 바로는 자신의 꿈에 대한 불길한 예감을 원색적으로 드러내고 있습니다.

51 하나님이 속히 행하시리니

창세기 41 : 25~32

요셉이 바로에게 아뢰되 바로의 꿈은 하나라 하나님이 그가 하실 일을 바로에게 보이심이니이다 일곱 좋은 암소는 일곱 해요 일곱 좋은 이삭도 일곱 해니 그 꿈은 하나라 그 후에 올라온 파리하고 흉한 일곱 소는 칠 년이요 동풍에 말라 속이 빈 일곱 이삭도 일곱 해 흉년이니 내가 바로에게 이르기를 하나님이 그가 하실 일을 바로에게 보이신다 함이 이것이라 온 애굽 땅에 일곱 해 큰 풍년이 있겠고 후에 일곱 해 흉년이 들므로 애굽 땅에 있던 풍년을 다 잊어버리게 되고 이 땅이 그 기근으로 망하리니 후에 든 그 흉년이 너무 심하므로 이전 풍년을 이 땅에서 기억하지 못하게 되리이다 바로께서 꿈을 두 번 겹쳐 꾸신 것은 하나님이 이 일을 정하셨음이라 하나님이 속히 행하시리니

기도 요점

시간이 지나도 잊혀지지 않는 꿈을 연속해서 꿔 본 경험이 있으십니까? 바로의 꿈을 네 가지 측면에서 해몽하는 요셉을 상상해 보십시오.

도움의 말

바로의 꿈의 내용을 들은 요셉은 그것이 하나님이 하실 일을 바로에게 보이신 것이라고 말하며, 그것을 네 가지 측면으로 해몽합니다. 첫째, 일곱 좋은 암소와 일곱 좋은 이삭과 관련된 꿈은 모두 동일하다는 것입니다. 둘째, 일곱 암소나 일곱 이삭은 일곱 해를 나타냅니다. 셋째, 일곱 해 흉년이 일곱 해 풍년 다음에 올 것이며, 넷째, 같은 내용의 꿈을 두 번씩이나 거듭하여 꾼 것은 그 꿈이 속히 그리고 틀림없이 실현될 것을 나타낸다는 것입니다.

52 흉년을 대비하도록 조언하는 요셉

창세기 41 : 33~36

이제 바로께서는 명철하고 지혜 있는 사람을 택하여 애굽 땅을 다스리게 하시고 바로께서는 또 이같이 행하사 나라 안에 감독관들을 두어 그 일곱 해 풍년에 애굽 땅의 오분의 일을 거두되 그들로 장차 올 풍년의 모든 곡물을 거두고 그 곡물을 바로의 손에 돌려 양식을 위하여 각 성읍에 쌓아 두게 하소서 이와 같이 그 곡물을 이 땅에 저장하여 애굽 땅에 임할 일곱 해 흉년에 대비하시면 땅이 이 흉년으로 말미암아 망하지 아니하리이다

기도 요점

앞으로 다가올 일을 예상하고 미리 대처해 본 경험이 있으십니까? 바로의 꿈을 해몽한 후 그 꿈에 대한 대책을 간하는 요셉을 상상해 보십시오.

도움의 말

바로의 꿈을 해몽한 후 요셉은 왕에게 명철하고 지혜 있는 사람을 택하여 애굽 땅을 다스리게 할 것을 조언합니다. 구체적으로 요셉은 장차 올 흉년을 대비하여 애굽에 감독관을 두어 장차 있을 풍년의 모든 곡물을 바로의 손에 돌려 각 성읍에 쌓아 둘 것을 간합니다. 이와 같이하여 저장된 곡물로 애굽 땅에 임할 칠 년 동안의 흉년을 대비한다면, 애굽 땅이 이 흉년으로 인하여 망하지 않을 것이라고 말합니다.

53 너는 내 집을 다스리라

창세기 41 : 37~40

바로와 그의 모든 신하가 이 일을 좋게 여긴지라 바로가 그의 신하들에게 이르되 이와 같이 하나님의 영에 감동된 사람을 우리가 어찌 찾을 수 있으리요 하고 요셉에게 이르되 하나님이 이 모든 것을 네게 보이셨으니 너와 같이 명철하고 지혜 있는 자가 없도다 너는 내 집을 다스리라 내 백성이 다 네 명령에 복종하리니 내가 너보다 높은 것은 내 왕좌뿐이니라

기도 요점

주위에 자신의 모든 것들을 의탁할 만큼 믿을 만한 사람이 있습니까? 죄수의 신분에 지나지 않았던 요셉에게 하나님의 영이 함께하신다는 사실을 알아보았던 바로가 그에게 자기 집과 자기 백성을 다스릴 권세를 위임하는 상황을 상상해 보십시오.

도움의 말

요셉의 해몽과 이에 대한 대책을 들은 바로와 그의 신하들은 이를 좋게 여깁니다. 그리하여 바로가 요셉에게 "하나님이 이 모든 것을 네게 보이셨으니 너와 같이 명철하고 지혜 있는 자가 없도다 너는 내 집을 다스리라"라고 말합니다. 종과 죄수에 불과하였던 요셉이 바로에게 하나님의 능력을 증거 하는 사람으로 부각되어 바로의 집을 다스릴 것을 명받습니다. 바로는 요셉에게 자기 백성이 다 그의 명령에 복종할 것이며, 자기가 요셉보다 높은 것은 오로지 자신의 왕좌뿐임을 상기시킵니다. 왜냐하면, 바로는 요셉에게 애굽을 다스릴 모든 권세를 부여했기 때문입니다.

54 애굽 온 땅의 총리가 된 요셉

창세기 41 : 41~43

바로가 또 요셉에게 이르되 내가 너를 애굽 온 땅의 총리가 되게 하노라 하고 자기의 인장 반지를 빼어 요셉의 손에 끼우고 그에게 세마포 옷을 입히고 금 사슬을 목에 걸고 자기에게 있는 버금 수레에 그를 태우매 무리가 그의 앞에서 소리 지르기를 엎드리라 하더라 바로가 그에게 애굽 전국을 총리로 다스리게 하였더라

기도 요점

우리의 삶을 인도하시는 하나님을 경험하고 계십니까? 종으로 애굽에 팔려 와 옥살이를 하던 요셉을 애굽의 총리대신이 되게 하시어, 바로를 보필하는 제2인자가 되게 하신 하나님을 상상해 보십시오.

도움의 말

당시 애굽은 전국이 12개 주로 나뉘어져 있었습니다. 바로는 요셉을 애굽의 12개 주 전역을 다스리는 총리로 임명합니다. 이어 바로는 자신의 인장 반지, 즉 자신의 왕권을 상징하는 인을 새긴 반지를 요셉의 손에 끼웁니다. 이는 요셉이 내리는 명령에 바로 왕 자신의 권위를 부여하기 위해서입니다. 그리고는 당시 애굽의 고관들만 입는 세마포 옷을 요셉에게 입히고, 명예의 상징인 금 사슬을 목에 걸어 주고, 바로의 수레를 뒤따르는 애굽의 제2인자가 타는 버금 수레에 그를 태웁니다. 그러자 무리가 요셉 앞에서 "엎드리라"라고 소리칩니다.

55 제2인자로서 애굽을 순찰하는 요셉

창세기 41 : 44~45

바로가 요셉에게 이르되 나는 바로라 애굽 온 땅에서 네 허락이 없이는 수족을 놀릴 자가 없으리라 하고 그가 요셉의 이름을 사브낫바네아라 하고 또 온의 제사장 보디베라의 딸 아스낫을 그에게 주어 아내로 삼게 하니라 요셉이 나가 애굽 온 땅을 순찰하니라

기도 요점

제1인자의 자리를 침해하지 않고 제2인자로서의 자리를 지키는 것은 결코 쉬운 일이 아닙니다. 애굽 왕 바로로부터 제2인자로서 예우를 받고 애굽 온 땅을 순찰하는 요셉을 상상해 보십시오.

도움의 말

당시 바로는 애굽의 입법, 사법, 행정의 전권을 가졌으므로 애굽의 제2인자가 된 요셉도 그에 버금가는 힘을 갖게 되었음을 짐작해 볼 수 있습니다. 이와 더불어 바로는 요셉에게 '사브낫바네아'라는 애굽식 이름을 주고, '온'의 제사장 보디베라의 딸, 애굽 여인 '아스낫'을 아내로 줍니다. '온'은 카이로에서 북서쪽으로 10마일 떨어진 곳으로, 이집트 태양 숭배의 중심지였다고 합니다. '아스낫'이란 이름은 애굽 여신인 '네트에게 속한 자'라는 뜻이라고 합니다. 당시 애굽의 왕들은 대개 왕비를 제사장 가문에서 취하였으므로 요셉에게 애굽 제사장의 딸을 아내로 주었다는 것은 그에게 왕족에 준하는 대접을 한 것이라고 볼 수 있습니다. 이와 같은 예우를 입은 요셉이 애굽의 제2인자로서 애굽 온 땅을 순찰합니다.

56 풍년의 작황을 처리하는 놀라운 요셉의 행정력

창세기 41 : 46~49

요셉이 애굽 왕 바로 앞에 설 때에 삼십 세라 그가 바로 앞을 떠나 애굽 온 땅을 순찰하니 일곱 해 풍년에 토지 소출이 심히 많은지라 요셉이 애굽 땅에 있는 그 칠 년 곡물을 거두어 각 성에 저장하되 각 성읍 주위의 밭의 곡물을 그 성읍 중에 쌓아 두매 쌓아 둔 곡식이 바다 모래 같이 심히 많아 세기를 그쳤으니 그 수가 한이 없음이었더라

기도 요점

일을 처리하는 데 있어서 자신의 행정력은 어떻습니까? 애굽의 온 땅을 순찰하면서 칠 년 동안 풍년의 작황을 처리하는 요셉의 행정력을 상상해 보십시오.

도움의 말

17세의 나이로 애굽에 노예로 팔려 와 누명을 쓰고 억울하게 감옥에 갇히기까지 했던 요셉은 하나님의 때, 하나님의 인도하심으로 30세의 나이로 애굽의 총리가 되어 애굽 온 땅을 순찰하게 됩니다. 그리고 이윽고 요셉이 해몽한 대로 칠 년의 풍년이 시작됩니다. 풍년에 그 소출이 심히 많으므로 요셉은 곡물을 거두어 각 성에 저장하게 합니다. 금세 각 성읍에 거둬들인 곡식이 바다의 모래와 같이 심히 많아 셀 수 없을 정도에 이릅니다. 성경에서 많은 수를 표현할 때 흔히 '바다의 모래'로 비유하곤 합니다. 그 수가 한이 없을 정도로 곡식의 작황이 좋지만 이를 처리하는 요셉의 뛰어난 행정력은 단연 각 성읍에 쌓아둔 곡식에 비할 바가 아니었습니다.

57 아들을 주신 하나님께 감사와 찬양을 드리는 요셉

창세기 41 : 50~52

흉년이 들기 전에 요셉에게 두 아들이 나되 곧 온의 제사장 보디베라의 딸 아스낫이 그에게서 낳은지라 요셉이 그의 장남의 이름을 므낫세라 하였으니 하나님이 내게 내 모든 고난과 내 아버지의 온 집 일을 잊어버리게 하셨다 함이요 차남의 이름을 에브라임이라 하였으니 하나님이 나를 내가 수고한 땅에서 번성하게 하셨다 함이었더라

기도 요점

자신에게 주신 모든 것을 통하여 하나님께 찬양과 감사를 드리는 삶을 살고 계십니까? 두 아들을 얻고 하나님께 찬양과 감사를 드리는 요셉을 상상해 보십시오.

도움의 말

요셉은 총리로 부임하여 일곱 해 동안 곡식을 풍성하게 거뒀을 뿐만 아니라 자식을 둘이나 얻게 됩니다. 장자의 이름은 '므낫세'인데, 이는 '잊어버리게 함'이라는 뜻입니다. 장자의 출생으로 요셉은 그의 모든 고난, 즉 가나안 땅, 아버지의 집에서 형들에 의하여 애굽으로 팔려 온 것과 힘겨웠던 종살이와 옥살이 등을 하나님께서 완전히 잊어버리게 하셨다는 의미에서 그의 이름을 '므낫세'라고 짓습니다. 또한 차자의 이름은 '에브라임'이라고 짓는데, 이는 '창성함'을 뜻한다고 합니다. 이는 하나님께서 요셉으로 하여금 수고한 땅에서 창성하게 하셨다는 것을 드러내는 이름입니다. 이처럼 요셉의 두 아들의 이름은 다 그가 하나님께 드리는 찬양과 감사의 표현이었습니다.

58 온 세상의 기근으로 각국 백성이 요셉에게로 오다

창세기 41 : 53~57

애굽 땅에 일곱 해 풍년이 그치고 요셉의 말과 같이 일곱 해 흉년이 들기 시작하매 각국에는 기근이 있으나 애굽 온 땅에는 먹을 것이 있더니 애굽 온 땅이 굶주리매 백성이 바로에게 부르짖어 양식을 구하는지라 바로가 애굽 모든 백성에게 이르되 요셉에게 가서 그가 너희에게 이르는 대로 하라 하니라 온 지면에 기근이 있으매 요셉이 모든 창고를 열고 애굽 백성에게 팔새 애굽 땅에 기근이 심하며 각국 백성도 양식을 사려고 애굽으로 들어와 요셉에게 이르렀으니 기근이 온 세상에 심함이었더라

기도 요점

온 세상이 기근으로 인하여 돈을 갖고 있으면서도 먹을 것을 구할 수 없는 시대를 상상해 보셨습니까? 요셉의 시대, 칠 년 동안의 흉작으로 인하여 각국 백성이 양식을 사러 애굽의 총리 요셉 앞으로 몰려들었던 당시 상황을 상상해 보십시오.

도움의 말

이집트를 비롯한 고대 근동 지역에서는 종종 강수량의 부족으로 농사의 어려움을 겪었다고 합니다. 요셉의 시대에도 여러 지역에서 가뭄으로 인한 피해가 속출하게 되는데, 요셉의 정책으로 이집트와 인접 국가들은 흉년으로 인한 피해를 모면하게 됩니다. 칠 년 흉작의 때, 요셉은 각 성읍의 모든 창고를 열어 쌓아 둔 곡식을 백성들에게 팔기 시작했습니다. 이 소식을 전해 들은 각국의 백성들도 양식을 사기 위해 애굽으로 몰려옵니다. 당시 기근이 얼마나 심각했는지 생각해 볼 수 있는 대목입니다.

59 양식을 구하러 애굽으로 아들들을 보내는 야곱

창세기 42 : 1~4

그때에 야곱이 애굽에 곡식이 있음을 보고 아들들에게 이르되 너희는 어찌하여 서로 바라보고만 있느냐 야곱이 또 이르되 내가 들은즉 저 애굽에 곡식이 있다 하니 너희는 그리로 가서 거기서 우리를 위하여 사오라 그러면 우리가 살고 죽지 아니하리라 하매 요셉의 형 열 사람이 애굽에서 곡식을 사려고 내려갔으나 야곱이 요셉의 아우 베냐민은 그의 형들과 함께 보내지 아니하였으니 이는 그의 생각에 재난이 그에게 미칠까 두려워함이었더라

기도 요점

예상치 못했던 일들 속에서 자연스럽게 하나님의 뜻이 성취되어 가는 과정을 지켜본 경험이 있으십니까? 기근으로 인해 양식을 구하러 애굽으로 아들들을 보낸 야곱의 의도와는 달리 훗날 이스라엘 온 가족이 애굽으로 이주하게 되는 하나님의 섭리를 상상해 보십시오.

도움의 말

흉년으로 먹을 양식을 구할 수 없었던 그때, 야곱은 아무런 대책 없이 관망만 하고 있는 아들들에게 애굽으로 가 양식을 사올 것을 종용합니다. 이때 야곱은 요셉의 동생이며, 라헬의 소생인 베냐민을 형들과 같이 애굽으로 보내지 않습니다. 왜냐하면 혹시 그의 형 요셉처럼 생명을 잃게 될까 염려가 되었기 때문입니다. 야곱은 양식을 사기 위하여 아들들을 애굽으로 보냈지만 하나님은 창세기 15 : 13의 "여호와께서 아브람에게 이르시되 너는 반드시 알라 네 자손이 이방에서 객이 되어 그들을 섬기겠고 그들은 사백 년 동안 네 자손을 괴롭히리니"라고 그의 조부 아브라함과 하신 언약을 이행하고 계셨습니다.

60 요셉을 알아보지 못하는 형들

창세기 42 : 5~8

이스라엘의 아들들이 양식 사러 간 자 중에 있으니 가나안 땅에 기근이 있음이라 때에 요셉이 나라의 총리로서 그 땅 모든 백성에게 곡식을 팔더니 요셉의 형들이 와서 그 앞에서 땅에 엎드려 절하매 요셉이 보고 형들인 줄을 아나 모르는 체하고 엄한 소리로 그들에게 말하여 이르되 너희가 어디서 왔느냐 그들이 이르되 곡물을 사려고 가나안에서 왔나이다 요셉은 그의 형들을 알아보았으나 그들은 요셉을 알아보지 못하더라

기도 요점

자신을 해하려 했던 사람을 오랜만에 다시 만나 본 경험이 있으십니까? 총리가 되어 있는 동생을 알아보지 못하고 그에게 엎드려 곡식을 구하고 있는 형들을 상상해 보십시오.

도움의 말

가나안 땅에 기근이 있으므로 이스라엘의 아들들이 양식을 사러 애굽으로 들어간 것은 궁극적으로 이스라엘이 애굽으로 들어가는 전조와도 같습니다. 애굽인들의 입장에서 이스라엘 자손들은 양식을 사러 온 또 다른 셈족 집단에 지나지 않습니다. 양식을 구입하러 온 이스라엘의 아들들이 당시 애굽의 총리로 모든 곡물의 매매를 관장하는 요셉에게 엎드려 절을 하고 있지만, 요셉이 형들을 알아본 것과 달리, 그들은 그 총리가 20여 년 전에 헤어진 자신들의 동생 요셉인 줄은 전혀 알지 못하고 있습니다. 이를 통해 일찍이 요셉이 꾸었던 꿈(창 37 : 5－9), 즉 그의 형들이 그에게 절하는 꿈이 성취됩니다.

61 형들을 정탐꾼으로 혐의를 씌우는 요셉

창세기 42 : 9~14

요셉이 그들에게 대하여 꾼 꿈을 생각하고 그들에게 이르되 너희는 정탐꾼들이라 이 나라의 틈을 엿보려고 왔느니라 그들이 그에게 이르되 내 주여 아니니이다 당신의 종들은 곡물을 사러 왔나이다 우리는 다 한 사람의 아들들로서 확실한 자들이니 당신의 종들은 정탐꾼이 아니니이다 요셉이 그들에게 이르되 아니라 너희가 이 나라의 틈을 엿보러 왔느니라 그들이 이르되 당신의 종 우리들은 열두 형제로서 가나안 땅 한 사람의 아들들이라 막내 아들은 오늘 아버지와 함께 있고 또 하나는 없어졌나이다 요셉이 그들에게 이르되 내가 너희에게 이르기를 너희는 정탐꾼들이라 한 말이 이것이니라

기도 요점

억울한 혐의를 받고 몰아세워진 경험이 있으십니까? 양식을 구하러 온 형들을 정탐꾼으로 몰아세우는 요셉과 이를 완강하게 부인하는 그의 형들을 상상해 보십시오.

도움의 말

당시 애굽은 강대국이었고 여러 민족들로부터 견제를 당하고 있었기 때문에 외국 나그네에 대해 극히 예민하게 감시하였다고 합니다. 그래서 요셉이 형들에게 "너희는 정탐꾼으로 애굽을 엿보려고 왔다."라고 혐의를 씌운 것은 그들의 신변에 위협을 느낄 수 있는 상황이었습니다. 정탐꾼이라는 오해를 들은 그들은 자신들의 가족 상황까지 이야기하며 무죄를 입증하려고 합니다. 물론 요셉은 그들이 정탐꾼이 아니라는 것을 알고 있지만, 거듭하여 그들에게 정탐 혐의를 씌우면서 몰아갑니다.

62 형들의 진실함을 증명하도록 요구하는 요셉

창세기 42 : 15~17

너희는 이같이 하여 너희 진실함을 증명할 것이라 바로의 생명으로 맹세하노니 너희 막내아우가 여기 오지 아니하면 너희가 여기서 나가지 못하리라 너희 중 하나를 보내어 너희 아우를 데려오게 하고 너희는 갇히어 있으라 내가 너희의 말을 시험하여 너희 중에 진실이 있는지 보리라 바로의 생명으로 맹세하노니 그리하지 아니하면 너희는 과연 정탐꾼이니라 하고 그들을 다 함께 삼 일을 가두었더라

기도 요점

과거 우연찮게 벌어진 상황이 지금 자신의 삶에 큰 영향을 미치는 경험을 해 본 적이 있으십니까? 자신들이 노예로 팔아넘겼던 동생이 지금 애굽의 총리가 되어 양식을 구입하러 온 자신들을 정탐꾼으로 몰아 옥에 가두는 본문의 상황을 상상해 보십시오.

도움의 말

요셉은 형들에게 애굽적인 맹세의 전형인 바로의 생명으로 정탐꾼이 아니라는 것을 증명하도록 요구합니다. 그리고 석방의 조건으로 그의 아우 베냐민을 애굽으로 데려올 것을 요구하며 형들을 다 함께 삼 일간 옥에 가둡니다. 요셉과 그의 형들 사이에서 벌어지고 있는 이 상황들은 처음 요셉이 애굽에 노예로 팔려 갈 때에는 상상할 수 없었던 상황입니다. 이는 또한 앞으로 벌어질 이스라엘 민족의 애굽으로의 이주와 출애굽이라는 하나님의 구원 계획을 전혀 예측할 수 없게 합니다.

63 그들이 그대로 하니라

창세기 42 : 18~20

사흘 만에 요셉이 그들에게 이르되 나는 하나님을 경외하노니 너희는 이같이 하여 생명을 보전하라 너희가 확실한 자들이면 너희 형제 중 한 사람만 그 옥에 갇히게 하고 너희는 곡식을 가지고 가서 너희 집안의 굶주림을 구하고 너희 막내 아우를 내게로 데리고 오라 그러면 너희 말이 진실함이 되고 너희가 죽지 아니하리라 하니 그들이 그대로 하니라

기도 요점

하나님께서 제시하신 길이 자신에게 매우 버겁게 느껴졌지만 그대로 따른 경험이 있으십니까? 요셉의 요구사항을 순순히 따라야만 했던 형들의 당시 상황을 상상해 보십시오.

도움의 말

형들을 옥에 가둔 지 삼 일 만에 요셉은 그들에게 자신은 하나님을 경외하는 사람이라고 말하며 그들이 생명을 보전할 수 있는 방법을 제시합니다. 전에 요셉은 한 사람만 고향으로 돌아가고 아홉 사람은 애굽에 남을 것을 요구했지만, 이번에는 그들 가운데 한 사람만 옥에 갇히게 하고 나머지 아홉은 양식을 가지고 돌아가서 가족들의 굶주림을 구하라고 합니다. 그리고 또 하나의 전제조건은 다시 애굽으로 올 때 막내 아우 베냐민을 데리고 오라는 것입니다. 요셉이 위에서 제시한 두 가지 요구사항을 형들이 그대로 실행한다면, 그들의 말의 진실함이 입증되므로 죽지 않을 것이라고 말합니다. 그리하여 그들은 요셉의 요구를 그대로 이행합니다.

64 그의 핏값을 치르게 되었도다

창세기 42 : 21~22

그들이 서로 말하되 우리가 아우의 일로 말미암아 범죄하였도다 그가 우리에게 애걸할 때에 그 마음의 괴로움을 보고도 듣지 아니하였으므로 이 괴로움이 우리에게 임하도다 르우벤이 그들에게 대답하여 이르되 내가 너희에게 그 아이에 대하여 죄를 짓지 말라고 하지 아니하였더냐 그래도 너희가 듣지 아니하였느니라 그러므로 그의 핏값을 치르게 되었도다 하니

기도 요점

도움의 손길을 구하는 사람의 외침을 외면한 경험이 있으십니까? 20년 전 자신들의 동생을 구덩이에 던지고, 애걸하는 동생을 상인들에게 판 기억을 회상하면서 "그 당시 요셉이 애걸하는 것을 외면하여 오늘 그의 핏값을 치르게 되었다."라고 서로 주고받고 있는 형들을 상상해 보십시오.

도움의 말

"너희 중에 한 사람만 애굽의 옥에 남고 나머지 아홉은 양식을 갖고 귀가하여 막내아우 베냐민을 데리고 오라."는 요셉의 말을 들은 형들은 오래 전 그들에 의하여 요셉이 구덩이에 던져지고, 상인들에게 팔릴 때의 일을 회상합니다. 당시 요셉이 애걸하며 그 마음의 괴로움을 보였지만, 이러한 모든 것을 보고도 그의 말을 듣지 않았으므로 오늘 이 괴로움이 자신들에게 임하였다고 서로 말합니다.

65 형들의 마음을 다 듣다

창세기 42 : 23~25

그들 사이에 통역을 세웠으므로 그들은 요셉이 듣는 줄을 알지 못하였더라 요셉이 그들을 떠나가서 울고 다시 돌아와서 그들과 말하다가 그들 중에서 시므온을 끌어내어 그들의 눈앞에서 결박하고 명하여 곡물을 그 그릇에 채우게 하고 각 사람의 돈은 그의 자루에 도로 넣게 하고 또 길 양식을 그들에게 주게 하니 그대로 행하였더라

기도 요점

자신을 어렵게 한 사람들의 후회를 우여곡절 끝에 그들의 입을 통하여 들어 본 경험이 있으십니까? 형들이 서로 주고받는 말을 통하여 자신을 상인에게 팔 당시의 그들의 마음을 다 듣고 요셉은 그들을 떠나가서 혼자 울고 다시 돌아옵니다. 이후 둘째 형 시므온을 옥에 남게 하고, 명하여 곡물을 채우게 하고 각 사람의 돈을 자루에 도로 넣게 하고, 길 양식까지 챙겨 돌려보내는 요셉을 상상해 보십시오.

도움의 말

요셉이 자신과 형들 사이에 통역을 세웠기 때문에 형들은 요셉이 자신들의 말을 못 알아듣는다고 생각했습니다. 하지만 요셉은 형들의 말을 모두 알아들을 수 있었으므로 지난 시절 형들이 자신을 상인에게 팔아넘길 당시의 일에 대해 그들의 입을 통하여 들을 수 있었습니다. 요셉은 큰형 르우벤 다음인 둘째 형 시므온을 끌어내어 결박하여 옥에 남게 하라고 명령합니다. 그리고 곡물을 가득 채우게 하고 돈은 각 사람의 자루에 도로 넣게 하고, 길 양식까지 그들에게 주게 합니다.

66 하나님이 어찌하여 이런 일을 우리에게 행하셨는가!

창세기 42 : 26~28

그들이 곡식을 나귀에 싣고 그 곳을 떠났더니 한 사람이 여관에서 나귀에게 먹이를 주려고 자루를 풀고 본즉 그 돈이 자루 아귀에 있는지라 그가 그 형제에게 말하되 내 돈을 도로 넣었도다 보라 자루 속에 있도다 이에 그들이 혼이 나서 떨며 서로 돌아보며 말하되 하나님이 어찌하여 이런 일을 우리에게 행하셨는가 하고

기도 요점

자신의 잘못된 행동에 대한 하나님의 처벌을 두려워해 본 경험이 있으십니까? 형제들의 곡식 자루 아귀에 그들의 돈이 그대로 있는 것을 보고 놀라 떨면서 "하나님이 어찌하여 이런 일을 우리에게 행하셨는가!"라고 외치는 요셉의 형들을 상상해 보십시오.

도움의 말

요셉의 말대로 아홉 형제들이 곡식을 나귀에 싣고 그를 떠납니다. 집으로 돌아가는 길에 그들이 여관에 머뭅니다. 그곳에 머물던 형제들 가운데 하나가 나귀에게 먹이를 주려고 그의 자루를 풀어 보니, 그 자루 아귀에 돈이 있는 것을 발견하고 놀랍니다. 놀란 그 형제가 나머지 형제들에게 가서 "내 돈을 도로 넣었도다 보라 자루 속에 있도다"라고 말합니다. 이 모든 것을 다 알게 된 그들은 혼이 나서 떨며 서로 돌아보며 "하나님이 어찌하여 이런 일을 우리에게 행하셨는가!"라는 말로 그들의 두려움과 놀라움을 밖으로 드러냅니다. 이 외침 속에서 우리는 과거 20년 전 그들의 동생 요셉을 죽음으로 몰아넣었던 잘못된 행동에 대한 하나님의 처벌을 두려워하는 그들의 마음을 느낄 수 있습니다.

67 너희가 이 나라에서 무역하리라

창세기 42 : 29~34

그들이 가나안 땅에 돌아와 그들의 아버지 야곱에게 이르러 그들이 당한 일을 자세히 알리어 아뢰되 그 땅의 주인인 그 사람이 엄하게 우리에게 말씀하고 우리를 그 땅에 대한 정탐꾼으로 여기기로 우리가 그에게 이르되 우리는 확실한 자들이요 정탐꾼이 아니니이다 우리는 한 아버지의 아들 열두 형제로서 하나는 없어지고 막내는 오늘 우리 아버지와 함께 가나안 땅에 있나이다 하였더니 그 땅의 주인인 그 사람이 우리에게 이르되 내가 이같이 하여 너희가 확실한 자들임을 알리니 너희 형제 중의 하나를 내게 두고 양식을 가지고 가서 너희 집안의 굶주림을 구하고 너희 막내 아우를 내게로 데려 오라 그러면 너희가 정탐꾼이 아니요 확실한 자들임을 내가 알고 너희 형제를 너희에게 돌리리니 너희가 이 나라에서 무역하리라 하더이다 하고

기도 요점

마음대로 오고 갈 수 있도록 특혜를 받아 본 적이 있으십니까? 요셉의 아홉 형제들이 집으로 돌아와 아버지 야곱에게 애굽 여정의 결과를 보고하는 당시 상황을 상상해 보십시오.

도움의 말

요셉의 형들이 아버지 야곱에게 한 보고는 네 가지로 압축될 수 있습니다. 첫째는 그들이 정탐자로 오해받았다는 것, 둘째는 정탐자가 아니라는 것을 증명하기 위하여 베냐민을 데리고 애굽으로 다시 가야 된다는 것, 셋째는 베냐민을 데리고 가야만 시므온이 살 수 있다는 것, 넷째는 그들이 요셉과의 약속을 지킨다면, 그들이 애굽에서 무역을 할 수 있게 한다는 것입니다. 이는 그들이 마음대로 애굽을 오고 갈 수 있다는 것을 뜻합니다.

68 돈뭉치를 보고 두려워하는 야곱과 그의 아들들

창세기 42 : 35~38

각기 자루를 쏟고 본즉 각 사람의 돈뭉치가 그 자루 속에 있는지라 그들과 그들의 아버지가 돈뭉치를 보고 다 두려워하더니 그들의 아버지 야곱이 그들에게 이르되 너희가 나에게 내 자식들을 잃게 하도다 요셉도 없어졌고 시므온도 없어졌거늘 베냐민을 또 빼앗아 가고자 하니 이는 다 나를 해롭게 함이로다 르우벤이 그의 아버지에게 말하여 이르되 내가 그를 아버지께로 데리고 오지 아니하거든 내 두 아들을 죽이소서 그를 내 손에 맡기소서 내가 그를 아버지께로 데리고 돌아오리이다 야곱이 이르되 내 아들은 너희와 함께 내려가지 못하리니 그의 형은 죽고 그만 남았음이라 만일 너희가 가는 길에서 재난이 그에게 미치면 너희가 내 흰 머리를 슬퍼하며 스올로 내려가게 함이 되리라

기도 요점

자신을 두렵게 만드는 것은 무엇입니까? 곡식 든 자루에서 나온 돈뭉치를 보고 두려워하는 야곱과 그의 아홉 아들들을 상상해 보십시오.

도움의 말

아버지 야곱은 돈뭉치를 보자 과거 요셉이 없어진 날 그의 형들이 가지고 왔던 돈뭉치를 기억하며, 이번에는 시므온이 없어진 대신에 가져온 돈뭉치를 보게 됩니다. 그리고 이제 베냐민을 데려가야 시므온이 살 수 있다고 하니 아버지 야곱은 돈뭉치를 보고 두려워합니다. 야곱은 아들을 잃을 때마다 돈뭉치를 가지고 오는 그의 아들들을 더 이상 신뢰할 수 없게 되자, 베냐민은 애굽으로 내려가지 못한다고 단호하게 말합니다.

69 진퇴양난에 처한 야곱

창세기 43 : 1~5

그 땅에 기근이 심하고 그들이 애굽에서 가져온 곡식을 다 먹으매 그 아버지가 그들에게 이르되 다시 가서 우리를 위하여 양식을 조금 사오라 유다가 아버지에게 말하여 이르되 그 사람이 우리에게 엄히 경고하여 이르되 너희 아우가 너희와 함께 오지 아니하면 너희가 내 얼굴을 보지 못하리라 하였으니 아버지께서 우리 아우를 우리와 함께 보내시면 우리가 내려가서 아버지를 위하여 양식을 사려니와 아버지께서 만일 그를 보내지 아니하시면 우리는 내려가지 아니하리니 그 사람이 우리에게 말하기를 너희의 아우가 너희와 함께 오지 아니하면 너희가 내 얼굴을 보지 못하리라 하였음이니이다

기도 요점

진퇴양난에 처한 경험이 있으십니까? 굶어 죽지 않기 위하여 아들들을 애굽으로 다시 보내야 되고, 그렇게 하자니 막내아들 베냐민을 동행시켜야만 되는 처지에 있는 야곱을 상상해 보십시오.

도움의 말

가뭄이 심해지고 애굽에서 가져온 양식이 다 떨어지자, 야곱이 그의 아들들에게 다시 양식을 사오라고 합니다. 그러자 야곱과 그의 아들들 사이에 베냐민의 동행 문제로 논쟁이 붙습니다. 유다가 아버지에게 애굽 총리와의 약속 때문에 베냐민이 그들과 함께 애굽에 가지 않으면, 애굽에 내려갈 수 없다고 단호하게 말합니다. 굶어 죽지 않으려면 다시 애굽에 가야 되고, 그렇게 되면 막내아들 베냐민이 야곱의 다른 아들들과 동행해야 되고, 그렇지 않으면 그들이 애굽으로 떠날 수도 없으니 야곱이 진퇴양난에 처합니다.

70 너희가 어찌하여 나를 괴롭게 하느냐

창세기 43 : 6~10

이스라엘이 이르되 너희가 어찌하여 너희에게 또 다른 아우가 있다고 그 사람에게 말하여 나를 괴롭게 하였느냐 그들이 이르되 그 사람이 우리와 우리의 친족에 대하여 자세히 질문하여 이르기를 너희 아버지가 아직 살아 계시느냐 너희에게 아우가 있느냐 하기로 그 묻는 말에 따라 그에게 대답한 것이니 그가 너희의 아우를 데리고 내려오라 할 줄을 우리가 어찌 알았으리이까 유다가 그의 아버지 이스라엘에게 이르되 저 아이를 나와 함께 보내시면 우리가 곧 가리니 그러면 우리와 아버지와 우리 어린 아이들이 다 살고 죽지 아니하리이다 내가 그를 위하여 담보가 되오리니 아버지께서 내 손에서 그를 찾으소서 내가 만일 그를 아버지께 데려다가 아버지 앞에 두지 아니하면 내가 영원히 죄를 지리이다 우리가 지체하지 아니하였더라면 벌써 두 번 갔다 왔으리이다

기도 요점

지금 자신을 괴롭게 하는 일은 무엇입니까? 막내아들 베냐민을 형들과 함께 애굽으로 보내는 것을 괴로워하는 아버지 야곱과 베냐민을 반드시 데려오겠다는 유다를 상상해 보십시오.

도움의 말

베냐민의 동행 없이는 양식을 구하러 애굽으로 갈 수 없다는 아들들의 말을 듣고, 아버지 야곱은 괴로워하며 탄식합니다. 그러자 그들 가운데 유다가 아버지에게 자신이 담보가 되어 아우 베냐민에게 일어나는 모든 문제에 책임을 지겠다고 말합니다. 만일 베냐민을 데려다가 아버지 앞에 두지 아니하면 이에 대해 유다 자신이 영원히 죄를 지겠다고 맹세합니다.

7 잃게 되면 잃으리로다

창세기 43 : 11~14

그들의 아버지 이스라엘이 그들에게 이르되 그러할진대 이렇게 하라 너희는 이 땅의 아름다운 소산을 그릇에 담아 가지고 내려가서 그 사람에게 예물로 드릴지니 곧 유향 조금과 꿀 조금과 향품과 몰약과 유향나무 열매와 감복숭아이니라 너희 손에 갑절의 돈을 가지고 너희 자루 아귀에 도로 넣어져 있던 그 돈을 다시 가지고 가라 혹 잘못이 있었을까 두렵도다 네 아우도 데리고 떠나 다시 그 사람에게로 가라 전능하신 하나님께서 그 사람 앞에서 너희에게 은혜를 베푸사 그 사람으로 너희 다른 형제와 베냐민을 돌려보내게 하시기를 원하노라 내가 자식을 잃게 되면 잃으리로다

기도 요점

'잃게 되면 잃으리라'라는 사건이 자신의 삶 속에 있으셨습니까? 어쩔 수 없이 막내아들 베냐민을 다른 아들들과 함께 애굽으로 보내면서 "내가 자식을 잃게 되면 잃으리로다"라고 기도하는 아버지 야곱을 상상해 보십시오.

도움의 말

아들 유다의 설득에 대한 야곱의 긍정적 반응은 세 가지입니다. 첫째, 애굽 총리에게 줄 선물로 유향과 향품과 몰약을 준비하도록 합니다. 둘째, 돈을 두 배로 가지고 가서 지난번 자루에서 발견된 돈을 되돌려 주라고 합니다. 셋째, 유다의 말대로 막내아들 베냐민을 데리고 함께 애굽으로 다시 가서 양식을 구해 오라고 합니다. 야곱이 이와 같은 세 가지의 제안을 말한 후, 전능하신 하나님께 "그 사람, 애굽 총리로 하여금 시므온과 베냐민, 그리고 모든 아들들을 돌려보내도록 은혜를 베풀어 달라."라는 기도를 드립니다.

72 두려움으로 요셉의 집에 이른 형들

창세기 43 : 15~22

그 형제들이 예물을 마련하고 갑절의 돈을 자기들의 손에 가지고 베냐민을 데리고 애굽에 내려가서 요셉 앞에 서니라 요셉은 베냐민이 그들과 함께 있음을 보고 자기의 청지기에게 이르되 이 사람들을 집으로 인도해 들이고 짐승을 잡고 준비하라 이 사람들이 정오에 나와 함께 먹을 것이니라 청지기가 요셉의 명대로 하여 그 사람들을 요셉의 집으로 인도하니 그 사람들이 요셉의 집으로 인도되매 두려워하여 이르되 전번에 우리 자루에 들어 있던 돈의 일로 우리가 끌려드는도다 이는 우리를 억류하고 달려들어 우리를 잡아 노예로 삼고 우리의 나귀를 빼앗으려 함이로다 하고 그들이 요셉의 집 청지기에게 가까이 나아가 그 집 문 앞에서 그에게 말하여 이르되 내 주여 우리가 전번에 내려와서 양식을 사가지고 여관에 이르러 자루를 풀어 본즉 각 사람의 돈이 전액 그대로 자루 아귀에 있기로 우리가 도로 가져왔고 양식 살 다른 돈도 우리가 가지고 내려왔나이다 우리의 돈을 우리 자루에 넣은 자는 누구인지 우리가 알지 못하나이다

기도 요점

애굽에 다시 온 형들이 애굽 총리의 초청을 받고 두려워하고 있는 모습을 상상해 보십시오.

도움의 말

막내동생과 함께 애굽에 도착한 형들은 자신들에게 위협이 가해지진 않을까 두려워합니다. 그들은 두려운 마음으로 요셉의 집 청지기에게 지난번 실수로 도로 가져간 돈과 새로 양식 살 돈 모두를 가지고 왔다는 사실과 그 돈을 그들의 자루에 넣은 사람이 누구인지 알지 못한다는 사실을 말합니다.

73 두 번씩이나 절하는 형들

창세기 43 : 23~28

그가 이르되 너희는 안심하라 두려워하지 말라 너희 하나님, 너희 아버지의 하나님이 재물을 너희 자루에 넣어 너희에게 주신 것이니라 너희 돈은 내가 이미 받았느니라 하고 시므온을 그들에게로 이끌어내고 그들을 요셉의 집으로 인도하고 물을 주어 발을 씻게 하며 그들의 나귀에게 먹이를 주더라 그들이 거기서 음식을 먹겠다 함을 들었으므로 예물을 정돈하고 요셉이 정오에 오기를 기다리더니 요셉이 집으로 오매 그들이 집으로 들어가서 예물을 그에게 드리고 땅에 엎드려 절하니 요셉이 그들의 안부를 물으며 이르되 너희 아버지 너희가 말하던 그 노인이 안녕하시냐 아직도 생존해 계시느냐 그들이 대답하되 주의 종 우리 아버지가 평안하고 지금까지 생존하였나이다 하고 머리 숙여 절하더라

기도 요점

양식을 구하러 다시 애굽으로 돌아와 애굽 총리 요셉에게 두려운 마음으로 절하면서 예물을 드리는 그의 형들의 모습을 상상해 보십시오.

도움의 말

지난번 곡식 자루 안의 돈으로 인하여 두려워하는 요셉의 형들에게 애굽 총리의 청지기가 "너희 하나님, 너희 아버지의 하나님이 재물을 너희 자루에 넣어 너희에게 주신 것이니 두려워하지 말라."라고 말합니다. 청지기가 시므온을 그들에게로 이끌어 내고, 그들을 요셉의 집으로 정중하게 인도합니다. 형들은 요셉을 보자 예물을 드리며 땅에 엎드려 절합니다. 그들은 부친에 대한 안부를 묻는 요셉에게 답하며 머리 숙여 두 번째 절을 하는데, 이와 같이하여 어릴 적 요셉의 꿈이 현실로 이뤄지게 됩니다.

7나 형들 및 아우 베냐민과 즐겁게 식사하는 요셉

창세기 43 : 29~34

요셉이 눈을 들어 자기 어머니의 아들 자기 동생 베냐민을 보고 이르되 너희가 내게 말하던 너희 작은 동생이 이 아이냐 그가 또 이르되 소자여 하나님이 네게 은혜 베푸시기를 원하노라 요셉이 아우를 사랑하는 마음이 복받쳐 급히 울 곳을 찾아 안방으로 들어가서 울고 얼굴을 씻고 나와서 그 정을 억제하고 음식을 차리라 하매 그들이 요셉에게 따로 차리고 그 형제들에게 따로 차리고 그와 함께 먹는 애굽 사람에게도 따로 차리니 애굽 사람은 히브리 사람과 같이 먹으면 부정을 입음이었더라 그들이 요셉 앞에 앉되 그들의 나이에 따라 앉히게 되니 그들이 서로 이상히 여겼더라 요셉이 자기 음식을 그들에게 주되 베냐민에게는 다른 사람보다 다섯 배나 주매 그들이 마시며 요셉과 함께 즐거워하였더라

기도 요점

우여곡절 끝에 마련된 식사 자리에서 즐거운 시간을 보냈던 기억이 있으십니까? 자신의 형들과 아우 베냐민과 함께 음식을 나눠 가면서 즐겁게 식사하는 요셉을 상상해 보십시오.

도움의 말

베냐민을 본 요셉은 마음이 복받쳐 안방으로 가서 울고 나옵니다. 요셉은 점심상을 셋으로 나눠 준비하게 합니다. 하나는 자신의 상이고, 다른 하나는 그의 형제들의 상이며, 다른 또 하나는 애굽 사람의 상입니다. 애굽 사람들은 소나 양을 먹지 않았으므로 목자를 꺼려하고 혐오스럽게 여겼다고 합니다. 하지만 요셉은 히브리 사람인 그들과 더불어 즐겁게 식사를 합니다.

75 어찌하여 선을 악으로 갚느냐

창세기 44 : 1~5

요셉이 그의 집 청지기에게 명하여 이르되 양식을 각자의 자루에 운반할 수 있을 만큼 채우고 각자의 돈을 그 자루에 넣고 또 내 잔 곧 은잔을 그 청년의 자루 아귀에 넣고 그 양식 값 돈도 함께 넣으라 하매 그가 요셉의 명령대로 하고 아침이 밝을 때에 사람들과 그들의 나귀들을 보내니라 그들이 성읍에서 나가 멀리 가기 전에 요셉이 청지기에게 이르되 일어나 그 사람들의 뒤를 따라가서 그들에게 이르기를 너희가 어찌하여 선을 악으로 갚느냐 이것은 내 주인이 가지고 마시며 늘 점치는 데에 쓰는 것이 아니냐 너희가 이같이 하니 악하도다 하라

기도 요점

베푼 선을 악으로 갚은 어떤 사람으로 인하여 고통 받은 경험이 있으십니까? 무죄함에도 불구하고 해명할 수 없는 절체절명의 위기의 순간에 놓인 요셉의 형들과 그의 아우 베냐민을 상상해 보십시오.

도움의 말

모두가 잠든 밤 요셉의 지시에 따라 그의 청지기는 형제들의 자루에 곡식과 함께 그들이 지불한 돈을 채우고, 더불어 베냐민의 자루에는 요셉의 은잔을 넣습니다. 아침에 형제들이 아버지 야곱의 집으로 출발한 후, 요셉의 지시에 따라 그의 청지기가 그들을 뒤따라가 베냐민의 양식 자루에서 요셉의 은잔을 꺼내어 듭니다. 고대 근동에서 은잔은 미래를 점치는 데 사용되던 기물이었습니다. 이어지는 상황에서 "너희가 이같이 하니 악하도다" 라고 호통치는 청지기 앞에 요셉의 형제들은 어안이 벙벙하기만 합니다.

76 이런 일은 결단코 아니하나이다

창세기 44 : 6~9

청지기가 그들에게 따라가서 그대로 말하니 그들이 그에게 대답하되 내 주여 어찌 이렇게 말씀하시나이까 당신의 종들이 이런 일은 결단코 아니하나이다 우리 자루에 있던 돈도 우리가 가나안 땅에서부터 당신에게로 가져왔거늘 우리가 어찌 당신의 주인의 집에서 은 금을 도둑질하리이까 당신의 종들 중 누구에게서 발견되든지 그는 죽을 것이요 우리는 내 주의 종들이 되리이다

기도 요점

자신이 결단코 하지 않은 일인데도 불구하고, 그 일을 하였다고 다른 사람으로부터 다그침을 받아 곤경에 처해 본 경험이 있으십니까? 요셉의 청지기로부터 돈과 은잔을 훔쳤다고 억울하게 다그침을 받으면서, 그들의 결백을 완강하게 주장하는 요셉의 형들을 상상해 보십시오.

도움의 말

애굽의 총리 요셉의 지시대로 그의 청지기가 형들을 쫓아갔습니다. 청지기가 그들에게 돈과 은잔을 가져가는 악을 행하였다고 다그치자, "내 주여 어찌 이렇게 말씀하시나이까? 당신의 종들이 이런 일은 결단코 아니하나이다."라고 그들의 결백을 주장합니다. 뿐만 아니라 그들은 그에게 가나안 땅에서부터 지난번과 이번 양식을 위하여 돈을 가져왔는데, 어떻게 우리가 당신의 주인의 은을 도둑질하겠느냐고 완강하게 주장합니다. 그러면서 그들은 "은잔을 우리에게서 찾으라. 만약 우리 가운데 누구에게서 그것이 발견된다면 그는 반드시 죽을 것이며, 우리는 그의 종이 되리이다."라고 자신 있게 말합니다.

77 옷을 찢고 성으로 돌아가는 형제들

창세기 44 : 10~13

그가 이르되 그러면 너희의 말과 같이 하리라 그것이 누구에게서든지 발견되면 그는 내게 종이 될 것이요 너희는 죄가 없으리라 그들이 각각 급히 자루를 땅에 내려놓고 자루를 각기 푸니 그가 나이 많은 자에게서부터 시작하여 나이 적은 자에게까지 조사하매 그 잔이 베냐민의 자루에서 발견된지라 그들이 옷을 찢고 각기 짐을 나귀에 싣고 성으로 돌아가니라

기도 요점

온 마음으로 믿고 열정을 갖고 추진하였던 일이 어그러졌던 경험이 있으십니까? 베냐민의 자루에서 은잔이 발견되자, 옷을 찢고 비통해하면서 각자의 짐을 나귀에 싣고 애굽의 성으로 돌아가는 형들을 상상해 보십시오.

도움의 말

자신만만하게 요셉의 형들이 돈과 은잔을 찾아보라고 하자, 청지기가 "너희의 말대로 너희 가운데 누구에게서든지 그것이 발견되면 그는 내게 종이 될 것이다."라고 말합니다. 그러자 그들이 각기 급하게 자루를 풉니다. 풀어진 자루의 내용물을 청지기가 나이 많은 형제로부터 시작하여 나이 적은 형제의 것을 조사하던 중, 베냐민의 자루에서 은잔을 발견합니다. 이 모든 상황을 다 지켜보고 있던 형제들이 옷을 찢고, 짐을 각자의 나귀에 싣고서 요셉이 있는 성으로 돌아갑니다. 그렇게 자신만만하였던 형제들이 어깨가 축 쳐진 채 비통해하면서 다시 요셉에게로 돌아갑니다.

78 하나님이 종들의 죄악을 찾아내시다

창세기 44 : 14~16

유다와 그의 형제들이 요셉의 집에 이르니 요셉이 아직 그곳에 있는지라 그의 앞에서 땅에 엎드리니 요셉이 그들에게 이르되 너희가 어찌하여 이런 일을 행하였느냐 나 같은 사람이 점을 잘 치는 줄을 너희는 알지 못하였느냐 유다가 말하되 우리가 내 주께 무슨 말을 하오리이까 무슨 설명을 하오리이까 우리가 어떻게 우리의 정직함을 나타내리이까 하나님이 종들의 죄악을 찾아내셨으니 우리와 이 잔이 발견된 자가 다 내 주의 노예가 되겠나이다

기도 요점

마음속 깊숙이 숨겨져 있는 자신의 죄악을 어떤 다른 사건을 통하여 하나님께서 그것을 공공연하게 인정하고 고백하게 했던 경험이 있으십니까? 그들이 훔치지도 않은 은잔으로 인하여 과거에 동생 요셉을 팔아 넘겼던 그들의 죄악을 하나님께서 드러내셨다고 고백하는 유다를 상상해 보십시오.

도움의 말

형제들이 요셉의 집에 이르자 요셉이 그들을 심문합니다. 요셉이 이 사건에 모든 형제들이 관여하였다는 입장에서 심문하자, 유다는 이 사건에 대하여 아무 말도 할 수 없을 뿐만 아니라 설명할 수도 없다고 말합니다. 아버지 야곱에게 베냐민을 위하여 담보가 되겠다고 한 유다는 어떻게 정직함을 나타낼 수 있을지 모르지만 하나님이 죄악을 찾아내셨으니 모두가 다 주의 노예가 되겠다고 말합니다. 여기서 유다는 과거 요셉을 팔 때, 그와 그의 형제들의 죄악을 찾아내셨다는 것을 간접적으로 고백합니다.

79 내가 그를 보게 하라

창세기 44 : 17~22

요셉이 이르되 내가 결코 그리하지 아니하리라 잔이 그 손에서 발견된 자만 내 종이 되고 너희는 평안히 너희 아버지께로 도로 올라갈 것이니라 유다가 그에게 가까이 가서 이르되 내 주여 원하건대 당신의 종에게 내 주의 귀에 한 말씀을 아뢰게 하소서 주의 종에게 노하지 마소서 주는 바로와 같으심이니이다 이전에 내 주께서 종들에게 물으시되 너희는 아버지가 있느냐 아우가 있느냐 하시기에 우리가 내 주께 아뢰되 우리에게 아버지가 있으니 노인이요 또 그가 노년에 얻은 아들 청년이 있으니 그의 형은 죽고 그의 어머니가 남긴 것은 그뿐이므로 그의 아버지가 그를 사랑하나이다 하였더니 주께서 또 종들에게 이르시되 그를 내게로 데리고 내려와서 내가 그를 보게 하라 하시기로 우리가 내 주께 말씀드리기를 그 아이는 그의 아버지를 떠나지 못할지니 떠나면 그의 아버지가 죽겠나이다

기도 요점

요셉이 베냐민만 애굽에 남으라고 명령하자, 유다가 아버지의 생명과 막내아우의 생명이 서로 맞물려 있다는 것을 설명하는 상황을 상상해 보십시오.

도움의 말

유다와 형제들 모두가 요셉의 종이 되겠다고 말하지만, 요셉은 은잔이 발견된 자루의 주인인 베냐민만 종이 될 것이라고 말합니다. 그러자 유다가 "그 아이는 그의 아버지를 떠나지 못한다고 말씀드리지 않았습니까? 왜냐하면 이미 그의 형은 죽었고, 그의 어머니가 남긴 것은 그뿐이므로 그가 아버지를 떠나면 그의 아버지가 죽을 것이기 때문입니다. 그러니 베냐민만 남긴 채 우리만 아버지께로 돌아갈 수 없습니다."라고 피력합니다.

80 다시 내 얼굴을 보지 못하리라

창세기 44 : 23~26

주께서 또 주의 종들에게 말씀하시되 너희 막내아우가 너희와 함께 내려오지 아니하면 너희가 다시 내 얼굴을 보지 못하리라 하시기로 우리가 주의 종 우리 아버지에게로 도로 올라가서 내 주의 말씀을 그에게 아뢰었나이다 그 후에 우리 아버지가 다시 가서 곡물을 조금 사오라 하시기로 우리가 이르되 우리가 내려갈 수 없나이다 우리 막내아우가 함께 가면 내려가려니와 막내아우가 우리와 함께 가지 아니하면 그 사람의 얼굴을 볼 수 없음이니이다

기도 요점

자신이 절대적인 도움을 요구해야 하는 사람의 얼굴을 볼 수 없을 정도로 과거에 그에게 잘못을 행하였던 경험이 있으십니까? 베냐민만 애굽에 남아 있어야 되는 상황에 이르자, 애굽 총리 요셉에게 집에서 기다리고 있는 아버지 야곱의 마음을 애절하게 설명하는 유다를 상상하십시오.

도움의 말

유다는 먼저 양식 살 때 막내아우가 함께 오지 아니하면 그의 얼굴을 보지 못할 것이라는 요셉의 말을 회상하면서 이 모든 말을 그의 아버지께 다 말씀드렸음을 강조합니다. 지난번 구입한 양식이 다 떨어지자 그들의 아버지가 다시 애굽으로 가서 곡물을 사오라고 하시기에, 막내아우가 그들과 함께 가지 아니하면 그의 얼굴을 다시 볼 수 없다는 것까지 말씀드렸다는 사실 또한 요셉에게 보고합니다. 이는 막내아우 베냐민이 그들과 함께 없다면, 그들이 필요한 양식을 절대로 살 수 없다는 요셉의 말을 회상하는 것입니다.

81 하나로 묶여 있는 아버지의 생명과 아이의 생명

창세기 44 : 27~31

주의 종 우리 아버지가 우리에게 이르되 너희도 알거니와 내 아내가 내게 두 아들을 낳았으나 하나는 내게서 나갔으므로 내가 말하기를 틀림없이 찢겨 죽었다 하고 내가 지금까지 그를 보지 못하거늘 너희가 이 아이도 내게서 데려가려 하니 만일 재해가 그 몸에 미치면 나의 흰 머리를 슬퍼하며 스올로 내려가게 하리라 하니 아버지의 생명과 아이의 생명이 서로 하나로 묶여 있거늘 이제 내가 주의 종 우리 아버지에게 돌아갈 때에 아이가 우리와 함께 가지 아니하면 아버지가 아이의 없음을 보고 죽으리니 이같이 되면 종들이 주의 종 우리 아버지가 흰 머리로 슬퍼하며 스올로 내려가게 함이니이다

기도 요점

자신의 생명과 하나로 묶여 있는 이는 누구입니까? 아버지와 그 아우의 생명이 하나로 묶여 있다는 비유로 설명하는 유다를 상상해 보십시오.

도움의 말

유다가 요셉에게 막내아우 베냐민을 애굽으로 데려오는 데 있어서 아버지 야곱과 그의 형제들 사이에 많은 갈등이 있었다는 것과 그들이 요셉과의 약속을 지키기 위해 최선을 다했다는 사실을 강조했습니다. 그런데 만약 베냐민을 집으로 데려가지 않게 된다면, 그 충격으로 인하여 그들의 아버지가 베냐민이 없음을 보고 죽을 것이라고 요셉에게 말합니다. 이는 그의 아버지의 생명과 막내아우의 생명이 서로 하나로 묶여 있기 때문이라고 유다는 간곡하게 말합니다.

82 그 막내아우 대신 제가 주의 종이 되게 하소서

창세기 44 : 32~34

주의 종이 내 아버지에게 아이를 담보하기를 내가 이를 아버지께로 데리고 돌아오지 아니하면 영영히 아버지께 죄짐을 지리이다 하였사오니 이제 주의 종으로 그 아이를 대신하여 머물러 있어 내 주의 종이 되게 하시고 그 아이는 그의 형제들과 함께 올려 보내소서 그 아이가 나와 함께 가지 아니하면 내가 어찌 내 아버지에게로 올라갈 수 있으리이까 두렵건대 재해가 내 아버지에게 미침을 보리이다

기도 요점

다른 사람을 대신하여 자신의 생명을 담보로 약속한 경험이 있으십니까? 과거 20여 년 전에 요셉을 노예로 팔자고 제안하였던 유다가 바로 그 요셉 앞에서 막내아우 베냐민을 대신하여 자신이 그의 종이 되겠다고 제안하는 당시 상황을 상상해 보십시오.

도움의 말

이제부터 유다는 베냐민과 함께 집으로 돌아가지 않게 되면, 아버지 야곱과 자신에게 일어날 일에 대하여 요셉에게 설명합니다. 유다가 막내아우를 애굽으로 데리고 올 때 아버지께 이 아이를 아버지께로 데리고 돌아오지 않으면, 평생 아버지께 죄인으로 산다고 담보하였다는 사실을 요셉에게 알게 합니다. 그리고 유다 자신이 베냐민을 대신하여 요셉의 종이 되어 애굽에 남겠다고 그에게 제안합니다. 창세기 37 : 27에서 요셉을 노예로 팔자고 제안하였던 유다가 이제는 자신이 요셉의 종이 되겠다고 제안하기에 이르게 됩니다.

83 나는 당신들이 애굽에 판 요셉이라

창세기 45 : 1~4

요셉이 시종하는 자들 앞에서 그 정을 억제하지 못하여 소리 질러 모든 사람을 자기에게서 물러가라 하고 그 형제들에게 자기를 알리니 그때에 그와 함께한 다른 사람이 없었더라 요셉이 큰 소리로 우니 애굽 사람에게 들리며 바로의 궁중에 들리더라 요셉이 그 형들에게 이르되 나는 요셉이라 내 아버지께서 아직 살아 계시니이까 형들이 그 앞에서 놀라서 대답하지 못하더라 요셉이 형들에게 이르되 내게로 가까이 오소서 그들이 가까이 가니 이르되 나는 당신들의 아우 요셉이니 당신들이 애굽에 판 자라

기도 요점

해를 끼친 사람, 혹은 해를 입힌 사람을 피할 수 없는 상황에서 만나 본 경험이 있으십니까? 과거 20여 년 전에 노예로 팔았던 동생 요셉이 애굽 총리가 되어 그 형제들 앞에서 "내가 바로 당신들이 애굽에 판 요셉이라." 고 말하는 당시 상황을 상상해 보십시오.

도움의 말

막내아우 베냐민을 대신하여 애굽 총리의 종으로 애굽에 남게 해 달라는 유다의 간청까지 다 듣고 있던 요셉이 끝내 그 정을 억제하지 못하고, 그의 형제들에게 자신이 그들이 애굽에 판 요셉이라고 알립니다. 그리고 큰 소리를 내어 그들 앞에서 울었습니다. 요셉이 형들에게 "나는 요셉이라. 내 아버지께서 아직 살아 계시니이까?"라고 말하자, 그들이 놀라서 아무 말도 못합니다. 요셉의 요구에 따라 그들이 그에게 가까이 가니, "나는 당신들의 아우 요셉이니 당신들이 애굽에 판 자라."라고 말합니다. 그들 모두에게 이 얼마나 당황스럽고 놀라운 상황입니까!

84 나를 보내신 이는 하나님이시라

창세기 45 : 5~8

당신들이 나를 이곳에 팔았다고 해서 근심하지 마소서 한탄하지 마소서 하나님이 생명을 구원하시려고 나를 당신들보다 먼저 보내셨나이다 이 땅에 이 년 동안 흉년이 들었으나 아직 오 년은 밭갈이도 못하고 추수도 못할지라 하나님이 큰 구원으로 당신들의 생명을 보존하고 당신들의 후손을 세상에 두시려고 나를 당신들보다 먼저 보내셨나니 그런즉 나를 이리로 보낸 이는 당신들이 아니요 하나님이시라 하나님이 나를 바로에게 아버지로 삼으시고 그 온 집의 주로 삼으시며 애굽 온 땅의 통치자로 삼으셨나이다

기도 요점

다른 사람으로 인하여 깊은 함정에 빠져 오랫동안 힘든 삶을 살다가 훗날 이 모든 일 안에 자신과 그 사람을 향한 하나님의 섭리가 있다는 것을 깨달았던 경험이 있으십니까? 자신을 알아본 형들에게 자신을 애굽으로 보내신 이는 그들이 아니라 하나님이라고 말하는 요셉을 상상하십시오.

도움의 말

형들이 요셉을 알아보자 요셉은 먼저 "나를 이곳에 팔았다고 근심하지 말라."고 말하면서 그들의 안위를 배려합니다. 요셉에게는 하나님께서 그를 이곳으로 보내셨다는 믿음이 있었기 때문입니다. 그렇다면 하나님께서 요셉을 애굽으로 보내신 이유는 무엇이겠습니까? 요셉에 의하면 첫째, 흉년에 형제들의 생명을 보존하기 위해서, 둘째, 하나님께서 그들의 생명을 구원하시어 그들의 후손을 세상에 두시기 위해서입니다. 이뿐 아니라 요셉은 그로 하여금 바로의 온 집의 주로 삼고, 애굽 온 땅의 통치자로 삼으신 것 또한 하나님의 섭리라고 그들에게 고백합니다.

85 나와 가깝게 하소서

창세기 45 : 9~11

당신들은 속히 아버지께로 올라가서 아뢰기를 아버지의 아들 요셉의 말에 하나님이 나를 애굽 전국의 주로 세우셨으니 지체 말고 내게로 내려오사 아버지의 아들들과 아버지의 손자들과 아버지의 양과 소와 모든 소유가 고센 땅에 머물며 나와 가깝게 하소서 흉년이 아직 다섯 해가 있으니 내가 거기서 아버지를 봉양하리이다 아버지와 아버지의 가족과 아버지께 속한 모든 사람에게 부족함이 없도록 하겠나이다 하더라고 전하소서

기도 요점

부모를 봉양하고 부족함이 없도록 보살피기 위하여 자신과 가깝게 하려고 노력하십니까? 자신과 가깝게 하려고 아버지 야곱과 그의 모든 가속들과 소유물들을 고센 땅으로 초청하는 요셉을 상상하십시오.

도움의 말

요셉이 아버지 야곱의 가족과 모든 가축들을 고센 땅으로 초청합니다. 이 땅은 나일강 삼각주 동부 시내반도와 가까운 지역에 있다고 하는데, 이곳은 좋은 목초지였다고 합니다. 시내반도 쪽에서 오는 셈족 유목민들은 이곳에서 가축을 칠 수 있도록 애굽의 허락을 받았습니다. 흉년이 앞으로 5년 더 있으므로 요셉은 아버지 야곱과 아버지의 가속과 모든 소유가 고센 땅으로 와서 자신과 가깝게 하려고 합니다. 그 이유는 두 가지입니다. 하나는 요셉이 아버지를 고센에서 봉양하고 싶기 때문이고, 다른 하나는 아버지의 모든 가족과 소유물들의 필요를 부족함이 없도록 충족시켜 주고 싶었기 때문입니다.

86 그제서야 요셉과 말하는 형들

창세기 45 : 12~15

당신들의 눈과 내 아우 베냐민의 눈이 보는 바 당신들에게 이 말을 하는 것은 내 입이라 당신들은 내가 애굽에서 누리는 영화와 당신들이 본 모든 것을 다 내 아버지께 아뢰고 속히 모시고 내려오소서 하며 자기 아우 베냐민의 목을 안고 우니 베냐민도 요셉의 목을 안고 우니라 요셉이 또 형들과 입 맞추며 안고 우니 형들이 그제서야 요셉과 말하니라

기도 요점

뜻밖의 사람을 만나 어안이 벙벙하여 말을 잇지 못하였던 경험이 있으십니까? 자신이 형들이 판 요셉이라는 말과 더불어 앞으로 5년의 흉년이 더 남았으니 아버지와 그 모든 가속들과 소유물을 고센 땅으로 속히 모시고 오라고 한 후, 베냐민과 형들과 목을 안고 서로 울고 있는 당시 상황을 상상해 보십시오.

도움의 말

자신이 바로 형들이 판 요셉이라는 사실을 알릴 때부터 그는 통역을 세우지 않고, 직접 그들의 언어로 말합니다. 요셉은 그들에게 자신의 아우 베냐민의 눈이 보는 데서 아버지와 그의 모든 가속들을 초청하니, 아버지 집으로 돌아가서 그에게 자신이 애굽에서 누리는 영화와 그들이 본 바 모든 것을 다 아뢰라고 부탁합니다. 요셉은 또한 형들에게 기근이 아직 5년 더 남았으니 아버지를 모시고 속히 애굽으로 내려오라고 부탁합니다. 모든 말을 마치고 난 후 요셉이 자신의 아우 베냐민의 목을 안고 우니, 동생도 형의 목을 안고 웁니다. 그리고 나서 요셉이 또 형들과 입 맞추며 안고 웁니다. 그제서야 형들이 요셉에게 말합니다.

87 요셉의 가족 초청을 보증하는 바로

창세기 45 : 16~18

요셉의 형들이 왔다는 소문이 바로의 궁에 들리매 바로와 그의 신하들이 기뻐하고 바로는 요셉에게 이르되 네 형들에게 명령하기를 너희는 이렇게 하여 너희 양식을 싣고 가서 가나안 땅에 이르거든 너희 아버지와 너희 가족을 이끌고 내게로 오라 내가 너희에게 애굽의 좋은 땅을 주리니 너희가 나라의 기름진 것을 먹으리라

기도 요점

자신의 주변에 요셉의 가족 초청을 보증하는 바로와 같은 든든한 사람이 있습니까? 요셉의 형들이 애굽에 왔다는 소식을 듣고 기뻐하면서 그의 아버지의 온 가족을 초청하고, 좋은 땅을 주어 애굽에서 기름진 것을 먹게 하겠다고 약속하는 바로와 당시 상황을 상상해 보십시오.

도움의 말

요셉의 형들이 애굽에 왔다는 소식이 궁에 있는 바로에게까지 알려졌습니다. 이 소식으로 바로와 그의 신하들이 기뻐합니다. 바로는 애굽 총리인 요셉에게 형들로 하여금 양식을 싣고 가서 가나안 땅에 있는 아버지와 가족을 이끌고, 자기에게로 오도록 명령하라고 지시합니다. 그리고 요셉의 모든 가속들이 애굽에 오면 좋은 땅을 주어 기름진 것을 먹게 하겠다고 약속합니다. 이는 요셉의 초청을 바로가 확인하고 보증한다는 것을 의미합니다. 다른 말로 표현하면, 아버지 야곱 일행의 애굽으로의 이주는 요셉의 초청일 뿐만 아니라 바로의 초청이기도 하다는 것을 의미합니다.

88 길에서 다투지 말라

창세기 45 : 19~24

이제 명령을 받았으니 이렇게 하라 너희는 애굽 땅에서 수레를 가져다가 너희 자녀와 아내를 태우고 너희 아버지를 모셔 오라 또 너희의 기구를 아끼지 말라 온 애굽 땅의 좋은 것이 너희 것임이니라 이스라엘의 아들들이 그대로 할새 요셉이 바로의 명령대로 그들에게 수레를 주고 길 양식을 주며 또 그들에게 다 각기 옷 한 벌씩을 주되 베냐민에게는 은 삼백과 옷 다섯 벌을 주고 그가 또 이와 같이 그 아버지에게 보내되 수나귀 열 필에 애굽의 아름다운 물품을 실리고 암나귀 열 필에는 아버지에게 길에서 드릴 곡식과 떡과 양식을 실리고 이에 형들을 돌려보내며 그들에게 이르되 당신들은 길에서 다투지 말라 하였더라

기도 요점

사람들과의 불화 혹은 다투는 일로 인하여 가족들을 염려케 하는 편이십니까? 좋은 선물을 보내면서 형들에게 길에서 서로 다투지 말라고 당부하는 요셉을 상상해 보십시오.

도움의 말

애굽 땅의 수레로 아버지 야곱과 가족들을 태우고 모셔 오라는 바로의 명령을 요셉이 수행합니다. 그는 형제들에게 수레와 양식, 그리고 각자에게 옷 한 벌씩을 주며 그들과의 화해와 축복을 표현하고, 베냐민에게는 은과 다섯 벌의 옷을 줌으로 그의 특별한 사랑을, 그리고 아버지에게는 사랑과 존경의 표징을 실어 보냅니다. 형들을 아버지 집으로 떠나보내면서 그들의 성격과 불화를 너무도 잘 아는 요셉은 그들에게 길에서 서로 다투지 말라고 당부합니다.

89 죽기 전에 가서 아들 요셉을 보리라

창세기 45 : 25~28

그들이 애굽에서 올라와 가나안 땅으로 들어가서 아버지 야곱에게 이르러 알리어 이르되 요셉이 지금까지 살아 있어 애굽 땅 총리가 되었더이다 야곱이 그들의 말을 믿지 못하여 어리둥절하더니 그들이 또 요셉이 자기들에게 부탁한 모든 말로 그에게 말하매 그들의 아버지 야곱은 요셉이 자기를 태우려고 보낸 수레를 보고서야 기운이 소생한지라 이스라엘이 이르되 족하도다 내 아들 요셉이 지금까지 살아 있으니 내가 죽기 전에 가서 그를 보리라 하니라

기도 요점

이제 죽어도 한이 없을 만큼 소중한 사람과의 만남을 기다려 본 경험이 있으십니까? 20여 년 동안 죽었던 것으로 알았던 아들 요셉이 살아 있고, 애굽의 총리가 되어 아버지와 그 모든 가족을 애굽으로 초청하였다는 소식을 들은 아버지 야곱을 상상해 보십시오.

도움의 말

요셉의 형들이 아버지 야곱의 집으로 돌아와 요셉이 지금까지 살아 있을 뿐만 아니라 애굽의 총리가 되었다고 보고합니다. 야곱은 너무 어리둥절하여 그들의 말을 믿지 못합니다. 또한 그들은 요셉이 아버지와 모든 가족들과 모든 소유물들을 애굽으로 초청하였다고 전하면서 동시에 그가 아버지를 속히 만나고 싶어 한다고 말합니다. 야곱은 요셉이 보낸 수레를 보고서야 그들의 말이 참되다는 것을 믿게 됩니다. 그는 요셉이 살아 있다는 것으로 만족한다고 말하면서도 죽기 전에 애굽에 가서 그를 보겠다고 선언합니다. 이는 이제 죽어도 한이 없다는 표현이기도 합니다.

90 두려워하지 말라

창세기 46 : 1~6

이스라엘이 모든 소유를 이끌고 떠나 브엘세바에 이르러 그의 아버지 이삭의 하나님께 희생제사를 드리니 그 밤에 하나님이 이상 중에 이스라엘에게 나타나 이르시되 야곱아 야곱아 하시는지라 야곱이 이르되 내가 여기 있나이다 하매 하나님이 이르시되 나는 하나님이라 네 아버지의 하나님이니 애굽으로 내려가기를 두려워하지 말라 내가 거기서 너로 큰 민족을 이루게 하리라 내가 너와 함께 애굽으로 내려가겠고 반드시 너를 인도하여 다시 올라올 것이며 요셉이 그의 손으로 네 눈을 감기리라 하셨더라 야곱이 브엘세바에서 떠날 새 이스라엘의 아들들이 바로가 그를 태우려고 보낸 수레에 자기들의 아버지 야곱과 자기들의 처자들을 태우고 그들의 가축과 가나안 땅에서 얻은 재물을 이끌었으며 야곱과 그의 자손들이 다 함께 애굽으로 갔더라

기도 요점

큰일로 인하여 불안할 때, 두려워하지 말라고 말씀하시는 하나님으로부터 받은 약속이 있으십니까? 애굽으로 떠나는 야곱에게 약속을 주시는 하나님을 상상하십시오.

도움의 말

야곱은 브엘세바에 도착하여 하나님께 예배드립니다. 그 밤에 하나님께서 야곱에게 애굽으로 내려가기를 두려워하지 말라고 말씀하시면서 네 가지 약속을 하십니다. 야곱의 자손이 애굽에서 큰 민족을 이룰 것이라는 약속, 하나님께서 야곱과 함께 애굽으로 내려가시겠다는 약속, 야곱을 다시 인도하여 가나안으로 돌아오게 하겠다는 약속, 요셉이 그의 임종을 지켜볼 것이라는 약속입니다. 야곱은 이와 같은 약속을 받고 애굽으로 갑니다.

91 야곱 집의 사람 70인

창세기 46 : 7~27

이와 같이 야곱이 그 아들들과 손자들과 딸들과 손녀들 곧 그의 모든 자손을 데리고 애굽으로 갔더라 애굽으로 내려간 이스라엘 가족의 이름은 이러하니라 야곱과 그의 아들들 곧 야곱의 맏아들 르우벤과 르우벤의 아들 하녹과 발루와 헤스론과 갈미요 시므온의 아들은 여무엘과 야민과 오핫과 야긴과 스할과 가나안 여인의 아들 사울이요 레위의 아들은 게르손과 그핫과 므라리요 유다의 아들 곧 엘과 오난과 셀라와 베레스와 세라니 엘과 오난은 가나안 땅에서 죽었고 베레스의 아들은 헤스론과 하물이요 잇사갈의 아들은 돌라와 부와와 욥과 시므론이요 스불론의 아들은 세렛과 엘론과 얄르엘이니 이들은 레아가 밧단아람에서 야곱에게 난 자손들이라 그 딸 디나를 합하여 남자와 여자가 삼십삼 명이며 갓의 아들은 시뵨과 학기와 수니와 에스본과 에리와 아로디와 아렐리요 아셀의 아들은 임나와 이스와와 이스위와 브리아와 그들의 누이 세라며 또 브리아의 아들은 헤벨과 말기엘이니 이들은 라반이 그의 딸 레아에게 준 실바가 야곱에게 낳은 자손들이니 모두 십육 명이라 야곱의 아내 라헬의 아들 곧 요셉과 베냐민이요 애굽 땅에서 온의 제사장 보디베라의 딸 아스낫이 요셉에게 낳은 므낫세와 에브라임이요 베냐민의 아들 곧 벨라와 베겔과 아스벨과 게라와 나아만과 에히와 로스와 뭅빔과 훕빔과 아릇이니 이들은 라헬이 야곱에게 낳은 자손들이니 모두 십사 명이요 단의 아들 후심이요 납달리의 아들 곧 야스엘과 구니와 예셀과 실렘이라 이들은 라반이 그의 딸 라헬에게 준 빌하가 야곱에게 낳은 자손들이니 모두 칠 명이라 야곱과 함께 애굽에 들어간 자는 야곱의 며느리들 외에 육십육 명이니 이는 다 야곱의 몸에서 태어난 자이며 애굽에서 요셉이 낳은 아들은 두 명이니 야곱의 집 사람으로 애굽에 이른 자가 모두 칠십 명이었더라

기도 요점

자신의 가족 모두가 하나님의 구원의 대열에 포함되었습니까? 20여 년간 헤어져 있었던 요셉과 그의 가족이 아버지 야곱의 가족명단에 포함되어, 야곱과 그의 가족 전체의 생명을 하나님의 구원의 대열에 포함시키시는 하나님의 섭리를 상상해 보십시오.

도움의 말

하나님께서 약속하신 대로 야곱 자손이 가나안 땅에서 번성하였으므로 그의 집 사람 70인이 모두 애굽으로 떠납니다. 야곱 자손의 이름들이 그의 네 명의 아내 레아, 실바, 라헬, 빌하에 따라 집단으로 나타납니다. 레아 집단에서는 딸 디나를 포함하여 34명이지만, 고대 사회 족보에서 남자만 세는 것이 보편적이므로 디나를 뺀다면, 남자 33명이 언급됩니다. 실바 집단에서는 16명, 라헬 집단에서 14명, 빌하 집단에서 7명이 언급됩니다. 야곱의 가족명단에 요셉과 그의 가족이 아버지 야곱의 가족과 합류됩니다. 이와 같이하여 하나님께서 생명을 살리는 구원의 대열에 야곱과 그의 가족 전체의 생명을 포함시키십니다.

92 아버지 야곱을 안고 우는 요셉

창세기 46 : 28~30

야곱이 유다를 요셉에게 미리 보내어 자기를 고센으로 인도하게 하고 다 고센 땅에 이르니 요셉이 그의 수레를 갖추고 고센으로 올라가서 그의 아버지 이스라엘을 맞으며 그에게 보이고 그의 목을 어긋 맞춰 안고 얼마 동안 울매 이스라엘이 요셉에게 이르되 네가 지금까지 살아 있고 내가 네 얼굴을 보았으니 지금 죽어도 족하도다

기도 요점

오랫동안 볼 수 없었던 아끼던 사람의 소식을 들어 본 경험이 있으십니까? 20여 년간 죽은 줄 알았던 아들 요셉과 아버지 야곱이 애굽에서 만나 서로 기뻐하는 당시 상황과 이를 지켜보고 있는 그의 형제들을 상상해 보십시오.

도움의 말

아버지 야곱이 요셉과 헤어지게 하였던 장본인이었던 그의 아들 유다를 먼저 요셉에게 보내어 고센 땅으로 마중 나오게 합니다. 그래서 야곱이 애굽 고센에서 아들 요셉을 만나게 됩니다. 아버지를 만난 요셉이 그를 안고 기쁨의 눈물을 흘립니다. 아버지 야곱은 그에게 "네가 지금까지 살아 있어서 내가 네 얼굴을 보았으니 지금 죽어도 족하다."라고 말합니다. 이는 야곱이 죽은 줄 알았던 요셉의 얼굴을 보았으니 이제 평안히 죽을 수 있다는 말이기도 합니다. 이때로부터 17년간 야곱이 그의 아들 요셉과 함께 살았다고 합니다.

93 고센 땅에 살게 되리이다

창세기 46 : 31~34

요셉이 그의 형들과 아버지의 가족에게 이르되 내가 올라가서 바로에게 아뢰어 이르기를 가나안 땅에 있던 내 형들과 내 아버지의 가족이 내게로 왔는데 그들은 목자들이라 목축하는 사람들이므로 그들의 양과 소와 모든 소유를 이끌고 왔나이다 하리니 바로가 당신들을 불러서 너희의 직업이 무엇이냐 묻거든 당신들은 이르기를 주의 종들은 어렸을 때부터 지금까지 목축하는 자들이온데 우리와 우리 선조가 다 그러하니이다 하소서 애굽 사람은 다 목축을 가증히 여기나니 당신들이 고센 땅에 살게 되리이다

기도 요점

자신이 가장 살고 싶은 곳과 그 이유는 무엇입니까? 가족들이 목축에 매우 좋은 고센 땅에 거주하기를 바라는 요셉을 상상해 보십시오.

도움의 말

요셉은 애굽에 온 가족들이 바로와 만나게 하기 위하여 준비를 시킵니다. 그는 목축업을 하는 가족들을 위하여 목축에 좋은 땅 고센에 정착하기를 바랍니다. 그래서 그는 바로에게 가서 목축업을 하는 그의 가족들이 그들의 양과 소와 모든 소유를 이끌고 왔다고 보고할 터이니, 바로가 그들을 불러서 "너희의 직업이 무엇이냐?"라고 물으면, "주의 종들은 어렸을 때부터 지금까지 목축하는 자들이며, 또한 우리뿐만 아니라 우리 선조가 다 목축업을 하였습니다."라고 대답하라고 부탁합니다. 왜냐하면 애굽 사람들은 목자들을 싫어하고, 사회적으로 그들을 낮게 생각하기 때문에 그의 가족들이 목축업에 좋은 고센 땅에 살도록 바로로부터 허락을 받게 될 것이라고 요셉이 귀띔을 해 주는 것입니다.

9나 애굽 땅이 네 앞에 있으니

창세기 47 : 1~6

요셉이 바로에게 가서 고하여 이르되 내 아버지와 내 형들과 그들의 양과 소와 모든 소유가 가나안 땅에서 와서 고센 땅에 있나이다 하고 그의 형들 중 다섯 명을 택하여 바로에게 보이니 바로가 요셉의 형들에게 묻되 너희 생업이 무엇이냐 그들이 바로에게 대답하되 종들은 목자이온데 우리와 선조가 다 그러하니이다 하고 그들이 또 바로에게 고하되 가나안 땅에 기근이 심하여 종들의 양 떼를 칠 곳이 없기로 종들이 이곳에 거류하고자 왔사오니 원하건대 종들로 고센 땅에 살게 하소서 바로가 요셉에게 말하여 이르되 네 아버지와 형들이 네게 왔은즉 애굽 땅이 네 앞에 있으니 땅의 좋은 곳에 네 아버지와 네 형들이 거주하게 하되 그들이 고센 땅에 거주하고 그들 중에 능력 있는 자가 있거든 그들로 내 가축을 관리하게 하라

기도 요점

자신이 갖고 있는 것이 구체적으로 무엇입니까? 요셉 앞에 애굽의 땅이 있으니 아버지와 형들에게 고센 땅을 주도록 바로로부터 허락받는 당시 요셉의 상황을 상상하십시오.

도움의 말

요셉이 바로에게 가족들과 양과 소, 그리고 모든 소유물들이 와서 고센에 있다고 보고합니다. 바로가 요셉의 형제들에게 직업을 묻자, 그들은 준비된 대로 목자라고 대답하면서 고센 땅에 거주하기를 청합니다. 이에 바로가 요셉에게 "네 아버지와 형제들이 네게 왔고, 애굽 땅이 네 앞에 있으니, 그들로 좋은 땅에 거하게 하라."라고 명령합니다. 뿐만 아니라 그들 중에 능력 있는 자가 있으면 자신의 가축을 돌보게 하라고 합니다.

95 바로를 축복하는 야곱

창세기 47 : 7~10

요셉이 자기 아버지 야곱을 인도하여 바로 앞에 서게 하니 야곱이 바로에게 축복하매 바로가 야곱에게 묻되 네 나이가 얼마냐 야곱이 바로에게 아뢰되 내 나그네 길의 세월이 백삼십 년이니이다 내 나이가 얼마 못 되니 우리 조상의 나그네 길의 연조에 미치지 못하나 험악한 세월을 보내었나이다 하고 야곱이 바로에게 축복하고 그 앞에서 나오니라

기도 요점

당신은 다른 사람을 축복하는 사람입니까? 혹은 다른 사람으로부터 축복을 받으려고 하는 사람입니까? 바로를 만나 그를 축복하고, "나이가 얼마냐?"고 질문하는 바로에게 세 가지로 자신의 삶을 설명하는 야곱을 상상해 보십시오.

도움의 말

요셉이 아버지 야곱을 바로에게 모시고 가서 문안하게 합니다. 야곱이 바로를 축복하자, 바로는 야곱에게 나이를 묻습니다. 바로의 질문에 대한 야곱의 대답은 세 가지로 요약됩니다. 첫째는 그의 나이가 130세이며, 둘째는 그의 나이는 175년을 산 할아버지 아브라함과 180년을 산 아버지 이삭에 비하면 짧은 삶을 살았다는 것입니다. 셋째는 그의 삶은 고통의 연속이라는 것입니다. 비록 원하는 것을 모두 얻었지만, 야곱은 그의 삶이 고통의 연속이었다는 것을 강조하기 위하여 "험악한 세월을 보내었다."고 바로에게 말합니다. 그리고 난 후 야곱이 바로에게 축복하고 그 앞에서 나옵니다.

96 아버지 야곱의 온 식구를 봉양하는 요셉

창세기 47 : 11~12

요셉이 바로의 명령대로 그의 아버지와 그의 형들에게 거주할 곳을 주되 애굽의 좋은 땅 라암셋을 그들에게 주어 소유로 삼게 하고 또 그의 아버지와 그의 형들과 그의 아버지의 온 집에 그 식구를 따라 먹을 것을 주어 봉양하였더라

기도 요점

배신한 사람을 하나님의 섭리로 믿고 사랑으로 봉양하고 섬겨 본 경험이 있으십니까? 기근을 피하여 애굽으로 온 아버지 야곱의 모든 식구들을 사랑으로 섬기고 봉양하는 요셉을 상상해 보십시오.

도움의 말

요셉은 바로의 명령대로 아버지 야곱과 그의 온 형들에게 애굽의 좋은 땅, 라암셋을 소유하게 합니다. 라암셋은 고센의 다른 이름이라고 합니다. 목축하기에 좋은 땅을 야곱의 온 식구들에게 주어 소유로 삼게 한 요셉은 그의 아버지와 그를 팔았던 그의 형들뿐만 아니라 그의 아버지의 온 집 식구들을 봉양합니다. 여기서 우리는 자식을 잃고 20여 년 동안 애태웠을 아버지에 대한 세심한 요셉의 배려와 그의 극진한 사랑을 느낄 수 있습니다. 또한 우리는 여기서 자신을 팔아 20여 년 동안 외지에서 갖은 고생을 하게 한 형들과 그의 온 식구들을 봉양하는 요셉을 통하여 모든 일을 섭리하시는 하나님의 계획에 사심 없이 순응하는 그의 신앙을 엿볼 수 있습니다.

97 어찌 주 앞에서 죽으리이까

창세기 47 : 13~15

기근이 더욱 심하여 사방에 먹을 것이 없고 애굽 땅과 가나안 땅이 기근으로 황폐하니 요셉이 곡식을 팔아 애굽 땅과 가나안 땅에 있는 돈을 모두 거두어들이고 그 돈을 바로의 궁으로 가져가니 애굽 땅과 가나안 땅에 돈이 떨어진지라 애굽 백성이 다 요셉에게 와서 이르되 돈이 떨어졌사오니 우리에게 먹을거리를 주소서 어찌 주 앞에서 죽으리이까

기도 요점

주변과 세계 곳곳에서 굶어 죽어 가는 사람들에 대한 자신의 반응은 어떠합니까? 기근으로 양식을 구하느라 애굽과 가나안 땅의 돈이 다 떨어지게 되자, 애굽 백성들이 요셉에게 와서 "우리에게 먹을거리를 주소서. 어찌 주 앞에서 죽으리이까?"라고 애걸하는 당시 상황을 상상하십시오.

도움의 말

기근이 더 심해지자 먹을 것이 없고, 애굽과 가나안 땅이 황폐해져 갑니다. 그러자 요셉이 저축한 식량을 팔아 애굽과 가나안 땅의 모든 돈을 거두어들여 바로의 궁으로 가져갑니다. 이와 같이하여 요셉이 애굽의 땅을 바로의 소유로 만들어 가기 시작합니다. 계속하여 기근이 심해져 애굽 땅과 가나안 땅에 돈이 다 떨어지게 되자, 애굽 백성이 그에게 와서 먹을거리를 달라고 말하면서 "어찌 주 앞에서 굶어 죽으리이까?"라고 말합니다. 땅이 황폐되어 먹거리 소출이 어려워 사람들이 굶어 죽어 가는 현상은 오늘날에도 세계 곳곳에서 나타납니다.

98 남은 것은 몸과 토지뿐이라

창세기 47 : 16~18

요셉이 이르되 너희의 가축을 내라 돈이 떨어졌은즉 내가 너희의 가축과 바꾸어 주리라 그들이 그들의 가축을 요셉에게 끌어오는지라 요셉이 그 말과 양 떼와 소 떼와 나귀를 받고 그들에게 먹을 것을 주되 곧 그 모든 가축과 바꾸어서 그해 동안에 먹을 것을 그들에게 주니라 그해가 다 가고 새해가 되매 무리가 요셉에게 와서 그에게 말하되 우리가 주께 숨기지 아니하나이다 우리의 돈이 다하였고 우리의 가축 떼가 주께로 돌아갔사오니 주께 낼 것이 아무것도 남지 아니하고 우리의 몸과 토지뿐이라

기도 요점

자신에게 남아 있다고 생각되는 소유물이나 사람이 있습니까? 돈이 다 떨어져서 가축으로 양식을 바꾸어 연명하던 애굽 백성이 더 이상 버틸 수 없게 되자, 그들이 요셉에게 다시 와서 "주께 낼 것이 몸과 토지 외에는 아무것도 없다."라고 말하는 당시 상황을 상상해 보십시오.

도움의 말

돈이 다 떨어져 양식을 살 수 없게 되었다는 애굽 백성의 말을 들은 요셉은 가축을 내라고 요구합니다. 돈 대신 가축으로 양식을 바꾸어 주겠다는 그의 제안을 들은 애굽 백성들은 그들의 가축을 끌고 와서 양식을 사 갑니다. 모든 가축으로 양식을 사서 그들은 그해를 연명할 수 있었습니다. 그러나 새해에 양식 때문에 요셉에게 다시 오게 됩니다. 그들은 돈과 가축이 다 주께로 돌아갔으니 주께 낼 것이 더 이상 아무것도 없다고 요셉에게 말합니다. 그러면서 이제 그들에게 남은 것은 오직 그들의 몸과 토지뿐이라고 말합니다.

99 애굽의 땅을 바로의 소유로 만든 요셉

창세기 47 : 19~20

우리가 어찌 우리의 토지와 함께 주의 목전에 죽으리이까 우리 몸과 우리 토지를 먹을 것을 주고 사소서 우리가 토지와 함께 바로의 종이 되리니 우리에게 종자를 주시면 우리가 살고 죽지 아니하며 토지도 황폐하게 되지 아니하리이다 그러므로 요셉이 애굽의 모든 토지를 다 사서 바로에게 바치니 애굽의 모든 사람들이 기근에 시달려 각기 토지를 팔았음이라 땅이 바로의 소유가 되니라

기도 요점

현재 자신이 소유한 자산을 만들어 준 사람은 누구입니까? 요셉이 심한 기근이 있을 것을 미리 알고 대비하여 쌓아 둔 곡식으로 애굽의 땅을 바로의 소유로 만들어 가는 과정을 상상해 보십시오.

도움의 말

오랜 기근으로 몸과 토지만 남게 된 애굽 백성이 요셉에게 드디어 그들의 몸과 토지를 주고 먹을거리를 사려고 합니다. 이러한 결심은 그들의 토지와 함께 그들 자신이 바로의 종이 되겠다는 결심입니다. 그들의 이러한 결심 속에는 그들의 생명을 유지할 뿐만 아니라 그들의 토지도 살리기 위한 염원이 있습니다. 그래서 그들은 요셉에게 바로의 종이 되겠으니 종자를 주어 그들의 토지에 심을 수 있게 해 달라고 요청합니다. 기근에 시달린 애굽의 모든 사람들이 토지를 팔았으므로 요셉이 그 토지를 다 사서 바로의 소유가 되게 합니다.

100 바로를 위하여 백성들의 몸과 토지를 산 요셉

창세기 47 : 21~23

요셉이 애굽 땅 이 끝에서 저 끝까지의 백성을 성읍들에 옮겼으나 제사장들의 토지는 사지 아니하였으니 제사장들은 바로에게서 녹을 받음이라 바로가 주는 녹을 먹으므로 그들이 토지를 팔지 않음이었더라 요셉이 백성에게 이르되 오늘 내가 바로를 위하여 너희 몸과 너희 토지를 샀노라 여기 종자가 있으니 너희는 그 땅에 뿌리라

기도 요점

자신의 몸과 토지를 하나님 또는 다른 분에게 드린 경험이 있으십니까? 애굽 백성들의 몸과 토지 대신에 양식을 그들에게 줌으로 그들과 그들의 토지를 바로의 소유로 만드는 요셉을 상상해 보십시오.

도움의 말

요셉이 양식을 주고 애굽 백성들의 몸과 토지를 사서 바로의 소유가 되게 하지만, 제사장들의 토지는 사지 않습니다. 왜냐하면 제사장들은 바로의 녹을 정기적으로 받기 때문입니다. 토지의 모든 소유가 왕에게 있고, 모든 백성들은 왕의 소작농이었던 당시 고대 이집트의 상황에서 요셉의 이러한 행동은 자연스럽고 타당한 처사였다고 합니다. 요셉의 이러한 행동으로 애굽 백성들은 기근에서 벗어날 수 있었고, 또한 그들이 판 토지에 그들이 신으로 모시는 바로를 위하여 요셉이 준 종자를 그 땅에 뿌리게 됩니다.

101 애굽의 토지법을 세운 요셉

창세기 47 : 24~26

추수의 오분의 일을 바로에게 상납하고 오분의 사는 너희가 가져서 토지의 종자로도 삼고 너희의 양식으로도 삼고 너희 가족과 어린아이의 양식으로도 삼으라 그들이 이르되 주께서 우리를 살리셨사오니 우리가 주께 은혜를 입고 바로의 종이 되겠나이다 요셉이 애굽 토지법을 세우매 그 오분의 일이 바로에게 상납되나 제사장의 토지는 바로의 소유가 되지 아니하여 오늘날까지 이르니라

기도 요점

자신이 세운 규칙이나 관습과 같은 법이 다른 사람의 생명을 살리는 법인지 혹은 아닌지를 반추하고 계십니까? 애굽의 토지법을 세운 요셉에게 "주께서 우리를 살리셨사오니 우리가 주께 은혜를 입고 바로의 종이 되겠나이다"라고 칭송하는 애굽 백성들을 상상해 보십시오.

도움의 말

요셉은 애굽 백성을 바로의 종이 되게 하며, 애굽의 토지법을 세웠습니다. 그들이 판 토지에 종자를 주어 그 땅에 심게 하고, 돌보고 가꾼 뒤, 추수하게 되면 추수의 오분의 일을 바로에게 상납하게 했습니다. 그리고 나머지 추수의 오분의 사는 그들의 가족의 양식이 되게 하였습니다. 지혜로운 요셉의 이러한 행정력을 본 애굽 백성은 "주께서 우리를 살리셨사오니 우리가 주께 은혜를 입고 바로의 종이 되겠나이다"라는 말로 칭송합니다.

102 죽을 날이 가까운 야곱

창세기 47 : 27~31

이스라엘 족속이 애굽 고센 땅에 거주하며 거기서 생업을 얻어 생육하고 번성하였더라 야곱이 애굽 땅에 십칠 년을 거주하였으니 그의 나이가 백사십칠 세라 이스라엘이 죽을 날이 가까우매 그의 아들 요셉을 불러 그에게 이르되 이제 내가 네게 은혜를 입었거든 청하노니 네 손을 내 허벅지 아래에 넣고 인애와 성실함으로 내게 행하여 애굽에 나를 장사하지 아니하도록 하라 내가 조상들과 함께 눕거든 너는 나를 애굽에서 메어다가 조상의 묘지에 장사하라 요셉이 이르되 내가 아버지의 말씀대로 행하리이다 야곱이 또 이르되 내게 맹세하라 하매 그가 맹세하니 이스라엘이 침상 머리에서 하나님께 경배하니라

기도 요점

자신의 죽을 날이 가까이 옴을 감지하고 아들 요셉에게 자신을 애굽 땅에 장사하지 말라고 부탁하는 야곱을 상상해 보십시오.

도움의 말

야곱은 애굽 고센 땅에 17년 동안 거주하면서 생업을 얻어 생육하고 번성하였습니다. 이는 하나님께서 그와 함께하시고, 그와 한 약속을 지키셨다는 것을 의미합니다. 기운이 진하여 죽을 날이 가까이 옴을 아는 야곱이 요셉을 부릅니다. 그는 요셉의 손을 자신의 허벅지 아래에 넣게 하는데, 이는 하나님 앞에서 아버지를 향한 아들의 성실함을 계속하겠다는 것을 맹세하기 위한 행동이라고 합니다. 그가 요셉에게 원하는 것은 자신이 죽으면, 가나안에 있는 조상들의 묘, 즉 막벨라 굴에 장사하라는 것입니다. 요셉이 아버지의 말씀대로 행할 것이라고 맹세하자, 야곱이 침상에서 하나님께 경배합니다.

103 하나님의 약속을 아들 요셉에게 들려주는 야곱

창세기 48 : 1~4

이 일 후에 어떤 사람이 요셉에게 말하기를 네 아버지가 병들었다 하므로 그가 곧 두 아들 므낫세와 에브라임과 함께 이르니 어떤 사람이 야곱에게 말하되 네 아들 요셉이 네게 왔다 하매 이스라엘이 힘을 내어 침상에 앉아 요셉에게 이르되 이전에 가나안 땅 루스에서 전능하신 하나님이 내게 나타나사 복을 주시며 내게 이르시되 내가 너로 생육하고 번성하게 하여 네게서 많은 백성이 나게 하고 내가 이 땅을 네 후손에게 주어 영원한 소유가 되게 하리라 하셨느니라

기도 요점

자신에게 약속하신 하나님의 말씀을 후손들이나 혹은 다른 이에게 알게 한 경험이 있으십니까? 벧엘에서 자신에게 약속하신 하나님의 말씀을 요셉에게 알려 주면서 전능하신 하나님을 증언하는 야곱을 상상해 보십시오.

도움의 말

요셉이 그의 아들 둘과 함께 아버지께 문병을 옵니다. 이 소식을 들은 아버지 야곱은 힘을 내어 침상에서 일어나 앉습니다. 그리고 이전에 가나안 땅 루스에서 만난 전능하신 하나님께서 자신에게 약속하신 말씀을 요셉에게 들려줍니다. 그 내용은 루스, 즉 벧엘에서 하나님께서 야곱에게 하신 번성과 번영, 그리고 땅에 대한 약속입니다. 야곱은 죽음에 임박하여 이 약속을 지키신 전능하신 하나님을 아들 요셉에게 증언하는 동시에 그 당시 하나님께서 그에게 약속하신 말씀, 즉 "내가 너로 생육하고 번성하게 하여 네게서 많은 백성이 나게 하고 내가 이 땅을 네 후손에게 주어 영원한 소유가 되게 하리라"는 하나님의 약속을 회상합니다.

104 요셉의 두 아들을 내 것이라고 말하는 야곱

창세기 48 : 5~7

내가 애굽으로 와서 네게 이르기 전에 애굽에서 네가 낳은 두 아들 에브라임과 므낫세는 내 것이라 르우벤과 시므온처럼 내 것이 될 것이요 이들 후의 네 소생은 네 것이 될 것이며 그들의 유산은 그들의 형의 이름으로 함께 받으리라 내게 대하여는 내가 이전에 밧단에서 올 때에 라헬이 나를 따르는 도중 가나안 땅에서 죽었는데 그곳은 에브랏까지 길이 아직도 먼 곳이라 내가 거기서 그를 에브랏 길에 장사하였느니라(에브랏은 곧 베들레헴이라)

기도 요점

할아버지로부터 상속받은 것이 있으십니까? 자신의 죽음 앞에서 요셉의 두 아들, 즉 자신의 손자 둘을 상속자로 인정하는 야곱을 상상해 보십시오.

도움의 말

야곱이 그의 아들 요셉에게 "네가 낳은 두 아들 에브라임과 므낫세는 내 것이라"라고 말하는데, 이는 요셉의 두 아들을 자신의 양자로 삼아 자신의 유산을 상속받게 하겠다는 의미라고 합니다. 다른 말로 표현하면, 이는 야곱에게 말씀하신 하나님의 약속, 특히 이 땅을 네 후손에게 주어 영원한 기업이 되게 하리라는 약속이 이루어질 때, 요셉의 두 아들들에게도 야곱의 아들들과 동등하게 상속권이 있다는 것입니다. 당시 고대 근동에서는 이와 같이 할아버지가 손자를 상속자로 삼는 것은 가능한 관습이었다고 합니다.

105 하나님이 네 자손까지도 보게 하셨도다

창세기 48 : 8~11

이스라엘이 요셉의 아들들을 보고 이르되 이들은 누구냐 요셉이 그의 아버지에게 아뢰되 이는 하나님이 여기서 내게 주신 아들들이니이다 아버지가 이르되 그들을 데리고 내 앞으로 나아오라 내가 그들에게 축복하리라 이스라엘의 눈이 나이로 말미암아 어두워서 보지 못하더라 요셉이 두 아들을 이끌어 아버지 앞으로 나아가니 이스라엘이 그들에게 입 맞추고 그들을 안고 요셉에게 이르되 내가 네 얼굴을 보리라고는 생각하지 못하였더니 하나님이 내게 네 자손까지도 보게 하셨도다

기도 요점

입으로 말하지 않은 자신만의 깊은 마음의 소원을 기억하시는 하나님을 얼마나 자주 경험하십니까? 죽음을 앞두고 아들 요셉과 그의 아들 둘, 즉 손자들에게 하나님의 넘치는 은혜를 증언하는 야곱을 상상해 보십시오.

도움의 말

눈이 어두운 야곱은 요셉의 두 아들을 알아보지 못하고, 요셉에게 "이들은 누구냐?"라고 묻습니다. 요셉이 이들은 하나님께서 애굽에서 자신에게 준 아들들이라고 대답합니다. 그러자 야곱이 그들을 축복하기 위하여 자신의 앞으로 데리고 오라고 아들 요셉에게 말합니다. 야곱은 요셉의 아들, 므낫세와 에브라임에게 입 맞추고 그들을 안습니다. 그리고는 요셉을 보면서 "네 얼굴을 보리라고는 생각하지 못하였는데, 하나님께서 네 자손까지도 보게 하셨도다."라고 말합니다. 여기서 우리는 범사에 하나님의 인도하심을 아들과 손자들 앞에서 고백하는 야곱의 신앙을 엿볼 수 있습니다.

106 하나님의 이름으로 요셉을 축복하는 야곱

창세기 48 : 12~16

요셉이 아버지의 무릎 사이에서 두 아들을 물러나게 하고 땅에 엎드려 절하고 오른손으로는 에브라임을 이스라엘의 왼손을 향하게 하고 왼손으로는 므낫세를 이스라엘의 오른손을 향하게 하여 이끌어 그에게 가까이 나아가매 이스라엘이 오른손을 펴서 차남 에브라임의 머리에 얹고 왼손을 펴서 므낫세의 머리에 얹으니 므낫세는 장자라도 팔을 엇바꾸어 얹었더라 그가 요셉을 위하여 축복하여 이르되 내 조부 아브라함과 아버지 이삭이 섬기던 하나님, 나의 출생으로부터 지금까지 나를 기르신 하나님, 나를 모든 환난에서 건지신 여호와의 사자께서 이 아이들에게 복을 주시오며 이들로 내 이름과 내 조상 아브라함과 이삭의 이름으로 칭하게 하시오며 이들이 세상에서 번식되게 하시기를 원하나이다

기도 요점

모든 환난으로부터 자신을 건지신 전능하신 하나님의 이름으로 요셉의 두 아들을 안고 축복하는 야곱을 상상해 보십시오.

도움의 말

요셉이 장자 므낫세를 야곱의 오른쪽에, 차자 에브라임을 야곱의 왼쪽에 세웠는데, 그 이유는 장자에게 더 큰 축복이 임하기를 원했기 때문입니다. 그런데 아버지 야곱이 그의 손을 엇갈리게 내밀어 장자와 차자의 위치가 바뀌게 됩니다. 야곱은 요셉을 위하여 자신의 할아버지 아브라함과 아버지 이삭의 하나님, 그리고 자신의 출생부터 지금까지 자신을 기르시고, 모든 환난으로부터 건지신 하나님의 이름으로 축복합니다. 축복의 내용은 하나님께서 므낫세와 에브라임에게 복을 주시어 이들이 세상에서 번성되어 야곱의 아들들로 알려지기를 원하는 것입니다.

107 내 아들아 나도 안다

창세기 48 : 17~20

요셉이 그 아버지가 오른손을 에브라임의 머리에 얹은 것을 보고 기뻐하지 아니하여 아버지의 손을 들어 에브라임의 머리에서 므낫세의 머리로 옮기고자 하여 그의 아버지에게 이르되 아버지여 그리 마옵소서 이는 장자이니 오른손을 그의 머리에 얹으소서 하였으나 그의 아버지가 허락하지 아니하며 이르되 나도 안다 내 아들아 나도 안다 그도 한 족속이 되며 그도 크게 되려니와 그의 아우가 그보다 큰 자가 되고 그의 자손이 여러 민족을 이루리라 하고 그날에 그들에게 축복하여 이르되 이스라엘이 너로 말미암아 축복하기를 하나님이 네게 에브라임 같고 므낫세 같게 하시리라 하며 에브라임을 므낫세보다 앞세웠더라

기도 요점

하나님의 축복이 인간적인 관례대로 임하지 않는 것을 경험해 보셨습니까? 야곱이 요셉의 두 아들, 므낫세와 에브라임을 축복하는 당시 상황을 상상해 보십시오.

도움의 말

요셉의 차자 에브라임이 할아버지 야곱의 오른손의 축복을 받는 것이 잘못됐다고 이해한 요셉이 야곱의 손을 들어 에브라임의 머리에서 므낫세의 머리로 옮기려고 합니다. 그러나 야곱은 요셉에게 "나도 안다 내 아들아 나도 안다"라고 말하면서 이를 허락하지 않습니다. 인간적으로는 장자가 축복의 계승자가 되어야 하지만, 하나님의 절대적 주권의 섭리 안에서는 장자가 아닐지라도 축복의 계승자가 될 수 있습니다. 야곱은 므낫세는 '한 족속'이 될 것이지만, 에브라임의 후손들은 '여러 민족'이 될 것이라고 축복합니다.

108 나는 죽으나

창세기 48 : 21~22

이스라엘이 요셉에게 또 이르되 나는 죽으나 하나님이 너희와 함께 계시사 너희를 인도하여 너희 조상의 땅으로 돌아가게 하시려니와 내가 네게 네 형제보다 세겜 땅을 더 주었나니 이는 내가 내 칼과 활로 아모리 족속의 손에서 빼앗은 것이니라

기도 요점

지금까지 돌보시고 함께하신 전능하신 하나님의 약속을 믿는 사람으로서 임종을 맞이하는 자신을 상상해 본 적이 있습니까? "나는 죽으나 하나님이 너희와 함께 계시사 너희를 인도하여 너희 조상의 땅으로 돌아가게 하실 것"이라고 아들 요셉에게 말하는 야곱을 상상해 보십시오.

도움의 말

야곱, 즉 이스라엘이 아들 요셉에게 '나는 죽으나' 하나님께서 너희와 함께 계셔서 너희를 조상의 땅 가나안으로 돌아가게 하실 것이라고 말합니다. 비록 야곱은 가나안 땅의 회복에 대한 언약의 성취를 보지 못하였으나 그가 믿는 전능하신 하나님께서 이 약속을 반드시 지키실 것을 믿고, 그의 아들들에게 자신에게 주신 언약의 말씀을 전수합니다. 훗날 가나안 땅 분배 시 이스라엘의 열두 지파가 기업을 차지할 때 요셉의 에브라임과 므낫세가 각기 한 지파로 인정되어 기업을 차지합니다(신 3 : 13 ; 수 13 : 29－33 ; 16 : 1－17 : 18).

109 모여 들으라

창세기 49 : 1~2

야곱이 그 아들들을 불러 이르되 너희는 모이라 너희가 후일에 당할 일을 내가 너희에게 이르리라 너희는 모여 들으라 야곱의 아들들아 너희 아버지 이스라엘에게 들을지어다

기도 요점

부모로부터 자주 들었던 말이 있다면 무엇입니까? 임종이 가까운 아버지 야곱이 아들들에게 "너희는 모이라" 그리고 "너희는 모여 들으라" 하고 말합니다. 그들의 미래를 말하려는 아버지의 마음과 이를 들으려고 모인 아들들의 마음을 상상해 보십시오.

도움의 말

죽음이 임박한 것을 감지한 야곱이 그의 아들들에게 앞으로 다가올 일들을 말해 주기 위하여 "너희는 모이라"라고 분부합니다. 이미 바로를 축복한 바 있고 요셉의 두 아들, 에브라임과 므낫세를 축복한 바 있는 야곱이 이제는 마지막으로 그의 아들들의 미래를 말하려고 합니다. 야곱이 그들에게 "너희는 모여 들으라"라고 말하는데, 이는 예언적인 아버지의 말을 모여서 듣고 경청하라는 것입니다. 그리하여 이스라엘, 즉 야곱이 또다시 그들에게 "야곱의 아들들아 너희 아버지 이스라엘에게 들을지어다"라고 말합니다.

110 장자 르우벤에 대한 유언

창세기 49 : 3~4

르우벤아 너는 내 장자요 내 능력이요 내 기력의 시작이라 위풍이 월등하고 권능이 탁월하다마는 물의 끓음 같았은즉 너는 탁월하지 못하리니 네가 아버지의 침상에 올라 더럽혔음이로다 그가 내 침상에 올랐었도다

기도 요점

부모님께 가장 잘못한 일이 있다면 무엇입니까? 자신의 첩 빌하를 범한 장자 르우벤을 향하여 유언하는 아버지 야곱, 그리고 이를 듣고 있는 르우벤과 그곳에 모인 다른 아들들을 상상해 보십시오.

도움의 말

장자 르우벤에 대한 아버지 야곱의 유언은 세 가지로 나눌 수 있습니다. 첫째는 그는 아버지의 기력의 시작으로 아버지에게 기쁨을 주었으며, 또한 자랑스럽다는 것입니다. 둘째는 장자로서의 권위와 영예, 그리고 위엄과 능력이 탁월하다는 것입니다. 셋째는 그렇지만 야곱은 르우벤을 향해 "물의 끓음같이 불안정하고 무모하여 탁월하지 못하리니"라고 유언하는데, 가나안 정복 이후 르우벤 지파는 실제로 탁월성과 지도력을 발휘하지 못하였다고 합니다(신 33 : 6 ; 삿 5 : 15). 여기서 야곱은 르우벤에게 자신의 첩 빌하를 범한 것에 대한 책임을 묻습니다. 야곱은 장자 르우벤이 자신의 첩을 범했을 당시, 이 사실을 알았지만 침묵했었습니다.

III 시므온과 레위에게 저주를 예언하는 아버지 야곱

창세기 49 : 5~7

시므온과 레위는 형제요 그들의 칼은 폭력의 도구로다 내 혼아 그들의 모의에 상관하지 말지어다 내 영광아 그들의 집회에 참여하지 말지어다 그들이 그들의 분노대로 사람을 죽이고 그들의 혈기대로 소의 발목 힘줄을 끊었음이로다 그 노여움이 혹독하니 저주를 받을 것이요 분기가 맹렬하니 저주를 받을 것이라 내가 그들을 야곱 중에서 나누며 이스라엘 중에서 흩으리로다

기도 요점

혈기 혹은 분노대로 사람을 해치는 경향이 있습니까? 누이 디나의 사건으로 세겜 사람들을 학살한 시므온과 레위 형제를 향하여 저주를 선언하는 야곱과 당시 상황을 상상해 보십시오.

도움의 말

누이 디나의 사건으로 세겜 사람들을 학살한 시므온과 레위 형제를 삼인칭 대명사인 '그들'로 지칭하면서 아버지 야곱이 저주를 선언합니다. 그들은 폭력의 도구이며, 분노대로 사람을 죽이고, 그들의 혈기대로 소의 발목 힘줄을 끊었으므로 저주를 받을 것이라고 아버지 야곱이 예언합니다. 이어서 "그들을 야곱 중에서 나누며 이스라엘 중에서 흩으리로다"라고 야곱이 말하는데, 가나안 정착 이후 시므온 지파는 유다 지파에 흡수되었다고 합니다. 레위 지파는 부정적으로 묘사되는데, 출애굽기 32 : 26~27에서 제사장 지파로서의 레위 지파의 종교적 역할이 언급됩니다.

112 형제의 찬송이 될지라고 유다를 예언하는 야곱

창세기 49 : 8~12

유다야 너는 네 형제의 찬송이 될지라 네 손이 네 원수의 목을 잡을 것이요 네 아버지의 아들들이 네 앞에 절하리로다 유다는 사자 새끼로다 내 아들아 너는 움킨 것을 찢고 올라갔도다 그가 엎드리고 웅크림이 수사자 같고 암사자 같으니 누가 그를 범할 수 있으랴 규가 유다를 떠나지 아니하며 통치자의 지팡이가 그 발 사이에서 떠나지 아니하기를 실로가 오시기까지 이르리니 그에게 모든 백성이 복종하리로다 그의 나귀를 포도나무에 매며 그의 암나귀 새끼를 아름다운 포도나무에 맬 것이며 또 그 옷을 포도주에 빨며 그의 복장을 포도즙에 빨리로다 그의 눈은 포도주로 인하여 붉겠고 그의 이는 우유로 말미암아 희리로다

기도 요점

형들과 달리 아버지 야곱으로부터 네 가지의 칭찬과 축복을 듣고 있는 유다를 상상해 보십시오.

도움의 말

유다는 르우벤과 시므온, 그리고 레위와 달리 아버지 야곱으로부터 네 가지의 칭찬과 축복을 받습니다. 또한 그는 형들과 달리 과거의 잘못된 행동에 대한 꾸짖음을 듣지 않았습니다. 그가 받은 축복은 첫째, 원수의 목을 잡을 것이므로 유다는 형제들로부터 찬양을 받는다는 것입니다. 둘째, 유다는 어린 사자가 어른 사자가 되는 것처럼 점점 강력한 힘을 소유하게 된다는 것입니다. 셋째, 유다의 권위와 통치권이 오랫동안 이어진다는 것입니다. 넷째, 유다의 땅이 비옥하여 포도주와 포도즙, 그리고 우유를 실컷 먹을 수 있다는 것입니다.

113 해변에 거할 것이라는 아버지 야곱의 유언을 듣고 있는 스불론

창세기 49 : 13

스불론은 해변에 거주하리니 그곳은 배 매는 해변이라 그의 경계가 시돈까지리로다

기도 요점

자신의 생업지와 거주지 사이의 거리는 얼마나 됩니까? 생업지와 거주지가 다를 것이라고 선언하는 아버지 야곱의 유언을 듣고 있는 스불론을 상상해 보십시오.

도움의 말

아버지 야곱은 스불론에게 첫째로 해변에 거주할 것이라고 예언하는데, 이는 유목민들이 일시적으로 장막에 거주하는 것을 의미한다고 합니다. 후에 바다와 접하지 않은 곳이 할당된 스불론 지파가 해변에 거한다는 것은 지중해의 항구도시에서 일하면서 장사할 때 임시로 거주한 것으로 볼 수 있다고 합니다(수 18 : 10-16). 그리고 둘째로 야곱은 스불론의 지경이 시돈까지 이른다고 선언합니다. 시돈은 페니키아의 항구도시를 가리키기도 하지만 여기서는 페니키아의 영토 전체를 지칭한다고 합니다.

11나 잇사갈에 대한 아버지 야곱의 예언

창세기 49 : 14~15

잇사갈은 양의 우리 사이에 꿇어앉은 건장한 나귀로다 그는 쉴 곳을 보고 좋게 여기며 토지를 보고 아름답게 여기고 어깨를 내려 짐을 메고 압제 아래에서 섬기리로다

기도 요점

어떤 이는 힘든 육체적 노동으로, 또 어떤 이는 힘든 정신적 노동으로, 또 다른 어떤 이는 그 외의 다른 노동으로 생계를 유지합니다. 자신의 노동은 무엇입니까? 잇사갈에게 힘든 노동과 더불어 압제 아래 섬길 것이라고 예언하는 아버지 야곱과 이를 듣고 있는 아들 잇사갈을 상상해 보십시오.

도움의 말

아버지 야곱이 그의 아들 잇사갈을 건장한 나귀에 비유하는데, 이는 골격이 좋은 나귀라는 뜻으로서 이 지파가 힘이 세며, 또한 우직하고 단순함을 암시한다고 합니다. 이러한 비유로 보아 야곱이 잇사갈 지파는 힘든 노동과 농사에 전념하게 될 것을 선언했다고 볼 수 있습니다. 이뿐만 아니라 야곱은 잇사갈에게 "압제 아래에서 섬기리로다"라고 예언합니다. 이것은 잇사갈 지파가 육체적 고역과 상부 지배 계층에게 바쳐야 하는 납세의 의무에 시달리게 될 것을 선언하는 것이라고 합니다.

115 아들 단을 예언하는 아버지 야곱

창세기 49 : 16~18

단은 이스라엘의 한 지파같이 그의 백성을 심판하리로다 단은 길섶의 뱀이요 샛길의 독사로다 말굽을 물어서 그 탄 자를 뒤로 떨어지게 하리로다 여호와여 나는 주의 구원을 기다리나이다

기도 요점

하나님의 축복을 받아 감당하는 데 있어서 험하고 힘든 경험을 한 적이 있습니까? 단에게 축복의 예언을 하는 동시에 하나님의 구원을 기다리는 야곱을 상상해 보십시오.

도움의 말

단은 라헬의 시녀 빌하의 소생이지만 이스라엘 역사에 있어서 한 지파를 차지합니다. 단의 이름은 '재판관'이란 의미를 갖는데, 그에 대한 아버지 야곱의 예언 역시 '그의 백성을 심판'하는 것과 관련됩니다. 이 예언은 후에 단의 후손인 삼손에 의해 성취된다고 봅니다. 야곱은 단을 샛길의 독사에 비유하면서 예언하는데, 이는 단 지파가 강한 적과 싸워 승리할 것이라는 사실을 예언한 것으로 본다고 합니다. 단 지파는 적은 무리지만 그들을 압박하는 강대국, 블레셋과 싸워서 승리하였고, 후에 단 지파는 북쪽으로 이주하여 라이스 성읍을 점령합니다(삿 15장). 이러한 축복을 예언한 후 야곱은 "여호와여 나는 주의 구원을 기다리나이다"라고 기도합니다. 이것은 아마도 단 지파가 겪게 될 위험으로부터 건져 주시기를 아버지 야곱이 하나님께 간구하는 것으로 볼 수 있습니다.

116 갓과 아셀과 납달리에 대한 아버지 야곱의 유언

창세기 49 : 19~21

갓은 군대의 추격을 받으나 도리어 그 뒤를 추격하리로다 아셀에게서 나는 먹을 것은 기름진 것이라 그가 왕의 수라상을 차리리로다 납달리는 놓인 암사슴이라 아름다운 소리를 발하는도다

기도 요점

갓과 아셀, 그리고 납달리에게 각기 다른 예언을 하는 아버지 야곱과 아버지 야곱으로부터 각기 다른 유언을 듣고 있는 그의 아들, 갓과 아셀, 그리고 납달리를 상상해 보십시오.

도움의 말

야곱은 갓에게 군대의 추격을 받지만 도리어 그 뒤를 추적할 것이라고 예언합니다. 실제로 갓 지파는 후에 요단강 동편에 살면서 여러 차례 동방 족속으로부터 침략을 받았으나 그들을 격퇴시켰다고 합니다. 야곱은 아셀에게서 나는 먹을 것은 기름진 것이라고 예언하는데, 실제로 후에 아셀 지파는 지중해 해변에 있는 갈멜산에서 베니게에 이르는 지역을 차지하여 기름진 땅에서 풍부한 소산물을 생산하였다고 합니다. 야곱은 납달리에게 암사슴처럼 아름다운 소리를 발할 것이라고 예언하는데, 이는 사슴처럼 외부의 공격을 민첩하게 방어할 것을 의미합니다. 실제로 후에 납달리 지파는 가나안 왕 야빈의 군대가 이스라엘을 침략하였을 때 야빈의 군대를 민첩하게 격퇴하였다고 합니다.

117 전능자 하나님의 힘으로

창세기 49 : 22~24

요셉은 무성한 가지 곧 샘 곁의 무성한 가지라 그 가지가 담을 넘었도다 활 쏘는 자가 그를 학대하며 적개심을 가지고 그를 쏘았으나 요셉의 활은 도리어 굳세며 그의 팔은 힘이 있으니 이는 야곱의 전능자 이스라엘의 반석인 목자의 손을 힘입음이라

기도 요점

전능자 하나님의 힘으로 모든 환난과 문제로부터 벗어난 경험을 한 적이 있습니까? 요셉을 향하여 야곱의 전능자 이스라엘의 반석인 목자의 손을 힘입어 모든 대적으로부터 구원하시며, 또한 샘 곁의 무성한 가지처럼 번창할 것이라고 유언하는 야곱과 이를 듣고 있는 요셉을 상상해 보십시오.

도움의 말

아버지 야곱이 요셉에게 '샘 곁의 무성한 가지'라고 예언합니다. 가뭄에도 요셉은 샘 곁에 심겨진 나무처럼 번창할 것이며, 요셉을 대적하고 학대하는 자를 겨누어 이길 것이라고 예언합니다. 이는 후에 요셉의 자손 므낫세 지파인 기드온과 활을 잘 쏘는 미디안 족속과의 대접전을 염두에 두었다고 보는 견해가 있다고 합니다. 이어서 야곱은 요셉의 이러한 승리는 장차 요셉의 후손들을 대적의 모든 공격과 핍박에서 구원하실 전능자 하나님, 이스라엘의 반석인 목자의 손을 힘입으므로 가능하다고 선언합니다.

118 전능하신 하나님으로 말미암은 복을 받을 것이라는 예언을 받는 요셉

창세기 49 : 25~26

네 아버지의 하나님께로 말미암나니 그가 너를 도우실 것이요 전능자로 말미암나니 그가 네게 복을 주실 것이라 위로 하늘의 복과 아래로 깊은 샘의 복과 젖 먹이는 복과 태의 복이리로다 네 아버지의 축복이 내 선조의 축복보다 나아서 영원한 산이 한없음같이 이 축복이 요셉의 머리로 돌아오며 그 형제 중 뛰어난 자의 정수리로 돌아오리로다

기도 요점

전능하신 하나님으로 말미암아 받은 복이 있습니까? 아버지 야곱의 하나님으로 말미암아 하늘의 복과 깊은 샘의 복과 젖 먹이는 복과 태의 복을 받을 것이라는 유언을 듣고 있는 요셉을 상상해 보십시오.

도움의 말

아버지 야곱이 요셉에게 계속하여 복을 예언하는데, 여기서 야곱은 그의 일생 동안 어느 곳에서든지 함께하시며, 끊임없이 보살피시며, 복을 주신 자신의 전능자 하나님으로 말미암은 것이라고 거듭하여 강조합니다. 야곱이 그에게 '위로 하늘의 복과 아래로 깊은 샘의 복과 젖 먹이는 복과 태의 복'을 예언합니다. 요셉은 그의 아버지의 전능하신 하나님으로 말미암아 이슬과 비와 햇빛과 같은 자연의 혜택과, 풍부한 물의 근원인 샘의 복과, 많은 자손의 복을 받을 것이라는 예언을 받습니다. 더 나아가 야곱은 요셉이 형들보다 뛰어난 것같이 그의 후손들도 이스라엘 민족 가운데 뛰어날 것이라고 예언합니다.

119 베냐민에게 물어뜯는 이리라고 예언하는 아버지 야곱

창세기 49 : 27~28

베냐민은 물어뜯는 이리라 아침에는 빼앗은 것을 먹고 저녁에는 움킨 것을 나누리로다 이들은 이스라엘의 열두 지파라 이와 같이 그들의 아버지가 그들에게 말하고 그들에게 축복하였으니 곧 그들 각 사람의 분량대로 축복하였더라

기도 요점

베냐민에게 '물어뜯는 이리'라고 예언하는 아버지 야곱과 이를 듣고 있는 베냐민을 상상해 보십시오. 열두 아들들에게 그들의 분량대로, 그들의 행적을 따라 그들의 후손을 축복하는 아버지 야곱을 상상해 보십시오.

도움의 말

아버지 야곱이 아들 베냐민에게 '물어뜯는 이리'라고 예언하는데, 이는 이 지파의 호전적인 성격을 묘사한다고 합니다. 이런 기질의 예를 기브아 전투사의 베냐민 용사들(삿 20 : 21, 25)과 이스라엘의 초대 왕이 된 베냐민 지파 기스의 아들 사울(삼상 11 : 6－11)에게서 찾아볼 수 있습니다. 이제까지 야곱이 그의 각 아들들에게 예언한 축복은 개인적 차원이 아니라 그들의 후손, 곧 야곱의 열두 아들들을 통하여 형성될 이스라엘 열두 지파에게 미치는 축복입니다. 야곱은 그의 아들들의 행적을 토대로 각 사람의 분량대로 축복했습니다.

120 내 조상들에게로 돌아갈 것이라고 이르는 야곱

창세기 49 : 29~31

그가 그들에게 명하여 이르되 내가 내 조상들에게로 돌아가리니 나를 헷 사람 에브론의 밭에 있는 굴에 우리 선조와 함께 장사하라 이 굴은 가나안 땅 마므레 앞 막벨라 밭에 있는 것이라 아브라함이 헷 사람 에브론에게서 밭과 함께 사서 그의 매장지를 삼았으므로 아브라함과 그의 아내 사라가 거기 장사되었고 이삭과 그의 아내 리브가도 거기 장사되었으며 나도 레아를 그곳에 장사하였노라

기도 요점

사후 매장지에 대한 자신의 입장은 어떠합니까? 사후 자신의 조상들의 매장지에 장사하라고 아들들에게 이르면서 그곳에 대한 이야기를 들려주는 야곱을 상상해 보십시오.

도움의 말

야곱은 공개적으로 그의 아들들에게 자신의 사후에 자신을 조상의 매장지에 장사하라고 말합니다. 야곱은 에브론의 밭에 있는 굴이 가나안 땅 마므레 앞 막벨라 밭에 있다고 말하면서 그곳에 대한 이야기를 아들들에게 들려줍니다. 야곱은 그의 조부 아브라함이 그 매장지를 샀으며 조부 아브라함과 그 아내 사라, 그의 아버지 이삭과 그 아내 리브가, 그리고 그의 아내 레아도 그곳에 장사되었다고 말합니다. 야곱이 이처럼 사후 매장지에 관하여 큰 관심을 갖는 것은 그의 후손들이 가나안 땅에 정착하리라는 하나님의 언약을 보다 정확하게 전달하기 위해서일 것이라고 보는 이도 있습니다.

121 편안히 숨을 거두는 야곱

창세기 49 : 32~33

이 밭과 거기 있는 굴은 헷 사람에게서 산 것이니라 야곱이 아들에게 명하기를 마치고 그 발을 침상에 모으고 숨을 거두니 그의 백성에게로 돌아갔더라

기도 요점

편안한 죽음을 맞이하기 위하여 하나님께 간구한 적이 있습니까? 야곱이 "숨을 거두니 그의 백성에게로 돌아갔더라"라는 말씀을 묵상하십시오.

도움의 말

앉아서 아들들을 축복하던 야곱은 그 발을 모으면서 침상에 누운 뒤, 숨을 거둡니다. 파란만장한 삶을 산 야곱은 매우 편안한 죽음을 맞게 됩니다. 이는 창세기 46 : 4의 말씀의 성취라고 볼 수 있습니다. 이와 같이 야곱은 이 땅의 모든 삶을 마치고 그의 후손들을 하나님의 손에 의탁한 후, 그의 백성, 즉 그의 열조에게로 돌아갑니다. 여기서 "열조에게로 돌아간다."는 말은 사후에도 그의 영혼이 계속하여 존재한다는 것과 야곱이 그의 조상들과 함께 내세에 들어간 것에 대한 암시로 볼 수 있다고 합니다.

122 울며 아버지 야곱 얼굴에 입 맞추는 요셉

창세기 50 : 1~3

요셉이 그의 아버지 얼굴에 구푸려 울며 입 맞추고 그 수종 드는 의원에게 명하여 아버지의 몸을 향으로 처리하게 하매 의원이 이스라엘에게 그대로 하되 사십 일이 걸렸으니 향으로 처리하는 데는 이 날수가 걸림이며 애굽 사람들은 칠십 일 동안 그를 위하여 곡하였더라

기도 요점

부모, 혹은 그 외 다른 사람의 임종을 경험한 적이 있습니까? 하나님의 약속대로 죽어가는 야곱과 죽은 후, 귀족의 대우를 받으면서 미라로 그 시체가 보존되는 과정을 상상해 보십시오.

도움의 말

요셉이 울며 아버지 야곱의 얼굴에 입 맞추는데, 이는 아들과 아버지 사이의 접촉이 마침내 끝나고, 새로운 시대가 이제 시작될 것을 암시하는 장면입니다. 이 장면은 또한 야곱에게 "요셉이 그의 손으로 네 눈을 감기리라"라고 말씀하신 하나님의 약속의 성취입니다(창 46 : 4). 요셉은 아버지에게 입을 맞춘 뒤, 그 수종 드는 의원에게 명하여 아버지의 몸을 향으로 처리하게 합니다. 이것은 당시 의술이 발달하였던 애굽에서 귀족이 죽었을 때 시신을 미라로 만들도록 명하는 것입니다. 요셉의 부친 야곱은 당시 귀족의 대우를 받았으므로 미라로 그의 시체가 보존됩니다. 미라로 만드는 것은 뇌와 내부기관을 꺼내어 그곳을 향료로 채우고, 시체를 질산칼륨에 담갔다가 온몸에 고무진액을 바른 다음 세마포로 싸서 관 속에 넣는 과정으로 이루어진다고 합니다.

123 나로 올라가서 아버지를 장사하게 하소서

창세기 50 : 4~6

곡하는 기한이 지나매 요셉이 바로의 궁에 말하여 이르되 내가 너희에게 은혜를 입었으면 원하건대 바로의 귀에 아뢰기를 우리 아버지가 나로 맹세하게 하여 이르되 내가 죽거든 가나안 땅에 내가 파 놓은 묘실에 나를 장사하라 하였나니 나로 올라가서 아버지를 장사하게 하소서 내가 다시 오리이다 하라 하였더니 바로가 이르되 그가 네게 시킨 맹세대로 올라가서 네 아버지를 장사하라

기도 요점

고향에 묻히고 싶어 하는 부모의 요청을 들어 본 경험이 있습니까? 애굽의 예법으로 장사준비를 다 미치고, 아버지의 소원대로 가나안에 장사하기 위하여 바로에게 "나로 올라가서 장사하게 하소서."라고 부탁하는 요셉을 상상해 보십시오.

도움의 말

아버지의 장사를 위해 향 재료를 준비하고, 애굽의 예법으로 모든 준비를 마친 후, 요셉이 아버지의 소원대로 가나안으로 올라가고자 합니다. 그래서 그는 바로의 신하들에게 "내가 너희에게 은혜를 입었으면" 아버지의 소원대로 가나안에 준비된 묘실로 올라가서 장사하게 하라고 바로에게 부탁하도록 요청합니다. 여기서 '올라가는 것'이 핵심인데, 이 용어는 출애굽하는 것을 언급할 때 자주 쓰인 말이라고 합니다(출 1 : 10). 야곱이 애굽에서 가나안으로 올라가서 묻히게 되는 과정은 미래에 그 민족이 올라갈 것에 대한 맹세 혹은 예언으로 보여질 수 있다고 합니다.

124 아버지를 장사하러 올라가는 요셉과 그 형제들

창세기 50 : 7~9

요셉이 자기 아버지를 장사하러 올라가니 바로의 모든 신하와 바로 궁의 원로들과 애굽 땅의 모든 원로와 요셉의 온 집과 그의 형제들과 그의 아버지의 집이 그와 함께 올라가고 그들의 어린아이들과 양 떼와 소 떼만 고센 땅에 남겼으며 병거와 기병이 요셉을 따라 올라가니 그 떼가 심히 컸더라

기도 요점

자신의 장례식을 상상해 본 경험이 있습니까? 장렬한 예식과 더불어 많은 애굽 사람을 거느리고 아버지의 요청대로 가나안 묘지를 향하여 올라가고 있는 요셉과 그의 형제들을 상상해 보십시오.

도움의 말

야곱의 장례는 민족의 아버지답게 애굽에서 소집할 수 있었던 모든 행렬과 의식으로 무덤을 향하게 됩니다. 요셉이 아버지를 장사하러 가나안으로 올라갈 때, 바로의 모든 신하와 바로 궁의 원로들과 애굽의 모든 원로, 그리고 요셉의 온 집과 그의 형제들이 그와 함께 갔습니다. 요셉을 따라 올라간 병거와 기병의 떼가 심히 컸다고 합니다. 그러나 그들의 어린아이들과 양 떼와 소 떼는 고센 땅에 남고, 애굽 사람들이 야곱의 장사를 위하여 돕고 있습니다. 후에 출애굽할 때는 어린아이들과 동물들까지 포함하여 이스라엘 자손들이 애굽을 떠나지만, 야곱의 장례를 도와주었던 애굽인들은 애굽에 그대로 남습니다.

125 아버지 야곱이 명령한 대로

창세기 50 : 10~14

그들이 요단 강 건너편 아닷 타작마당에 이르러 거기서 크게 울고 애통하며 요셉이 아버지를 위하여 칠 일 동안 애곡하였더니 그땅 거민 가나안 백성들이 아닷 마당의 애통을 보고 이르되 이는 애굽 사람의 큰 애통이라 하였으므로 그 땅 이름을 아벨미스라임이라 하였으니 곧 요단 강 건너편이더라 야곱의 아들들이 아버지가 그들에게 명령한 대로 그를 위해 따라 행하여 그를 가나안 땅으로 메어다가 마므레 앞 막벨라 밭 굴에 장사하였으니 이는 아브라함이 헷 족속 에브론에게 밭과 함께 사서 매장지를 삼은 곳이더라 요셉이 아버지를 장사한 후에 자기 형제와 호상꾼과 함께 애굽으로 돌아왔더라

기도 요점

자신은 약속을 잘 지키는 편입니까? 요셉이 아버지의 명령대로 아버지를 가나안의 막벨라 굴에 장사한 후, 바로와 약속한 대로 장례행렬에 동행하였던 이들과 함께 애굽으로 돌아오는 당시 상황을 상상해 보십시오.

도움의 말

병거와 기병으로 무장한 애굽의 수행원들과 함께 요셉과 그의 형제들이 요단강 건너편 아닷 타작마당에서 야곱을 장례하기 직전에 애굽의 장례절차에 따라 칠 일 동안 애곡합니다. 그리고 난 다음 애굽의 수행원들은 그 마당에 그대로 남고, 야곱의 아들들만 아버지의 시체를 가지고 가나안으로 갑니다. 야곱의 아들들은 아버지가 죽기 전에 명령한 대로 막벨라 밭 굴에 그를 장사합니다. 아버지를 장사한 후 요셉이 바로와 약속한 대로 그의 형제와 호상꾼과 함께 애굽으로 돌아옵니다.

126 당신 아버지의 하나님의 종들인 우리 죄를 이제 용서하소서

창세기 50 : 15~17

요셉의 형제들이 그들의 아버지가 죽었음을 보고 말하되 요셉이 혹시 우리를 미워하여 우리가 그에게 행한 모든 악을 다 갚지나 아니할까 하고 요셉에게 말을 전하여 이르되 당신의 아버지가 돌아가시기 전에 명령하여 이르시기를 너희는 이같이 요셉에게 이르라 네 형들이 네게 악을 행하였을지라도 이제 바라건대 그들의 허물과 죄를 용서하라 하셨나니 당신 아버지의 하나님의 종들인 우리 죄를 이제 용서하소서 하매 요셉이 그들이 그에게 하는 말을 들을 때에 울었더라

기도 요점

죄와 허물을 용서하시는 하나님처럼 다른 사람의 죄와 허물을 용서하는 하나님의 사람으로 살고 있습니까? 요셉을 찾아가 당신 아버지의 하나님의 종들인 우리 죄를 이제 용서해 달라고 간청하는 그의 형들을 상상해 보십시오.

도움의 말

아버지 야곱의 장례식을 다 마치게 되자, 요셉을 애굽의 상인에게 팔아넘겼던 요셉의 형들은 과거의 죄를 떠올리면서 그의 보복이 그들에게 임할까 봐 두려워합니다. 그리하여 형들은 요셉에게 찾아가 "네 형들이 네게 악을 행하였을지라도 이제 바라건대 그들의 허물과 죄를 용서하라"라는 아버지의 유언을 근거로 용서를 빌면서 자신들을 "당신 아버지의 하나님의 종들"이라고 말합니다. 이는 당신 아버지의 하나님처럼 그들의 악과 과실과 죄를 용서해 달라는 간청입니다.

127 내가 하나님을 대신하리이까

창세기 50 : 18~21

그의 형들이 또 친히 와서 요셉의 앞에 엎드려 이르되 우리는 당신의 종들이니이다 요셉이 그들에게 이르되 두려워하지 마소서 내가 하나님을 대신하리이까 당신들은 나를 해하려 하였으나 하나님은 그것을 선으로 바꾸사 오늘과 같이 많은 백성의 생명을 구원하게 하시려 하셨나니 당신들은 두려워하지 마소서 내가 당신들과 당신들의 자녀를 기르리이다 하고 그들을 간곡한 말로 위로하였더라

기도 요점

자신을 해한 사람에게 하나님을 대신하여 보복하려는 마음을 품었던 경험이 있습니까? 형들이 자신을 해하려고 했던 사건을 하나님께서 선으로 바꾸셨다는 신앙고백과 더불어 그들과 그들의 자녀까지 양육할 것이라고 간곡하게 말하는 요셉을 상상해 보십시오.

도움의 말

두려워하는 형들에게 요셉은 "두려워하지 마소서 내가 하나님을 대신하리이까"라는 말로 그들을 위로합니다. 요셉은 비록 형들이 자신을 해하려고 하였지만 하나님께서 그것을 선으로 바꾸셨다고 자신의 신앙을 고백합니다. 하나님께서 그를 살리셔서 오늘처럼 7년의 흉년 가운데서도 많은 백성이 아사하지 않고 살아남을 수 있었는데, 자신이 어찌 하나님을 대신하여 무슨 일을 형들에게 행할 수 있겠냐며, 절대로 이무 염려하지 말라고 요셉이 그들에게 말합니다. 뿐만 아니라 그는 형들과 형들의 자녀까지 기를 것이니 두려워하지 말라고 간곡하게 말합니다.

128 백십 세에 이른 요셉

창세기 50 : 22~23

요셉이 그의 아버지의 가족과 함께 애굽에 거주하여 백십 세를 살며 에브라임의 자손 삼대를 보았으며 므낫세의 아들 마길의 아들들도 요셉의 슬하에서 양육되었더라

기도 요점

100세 시대를 살고 있는 요즘, 자신이 기대하는 이상적인 수명은 무엇입니까? 파란만장한 삶을 살았던 요셉이 하나님의 은혜로 타국인 애굽에서 백십 세까지 장수하며, 또한 슬하에 증손들까지 두고 사는 그의 노후를 상상해 보십시오.

도움의 말

아버지 야곱을 가나안에 장사한 후, 형제들과 함께 애굽으로 돌아온 요셉은 그곳에서 백십 세를 맞이합니다. 백십 세는 애굽에서 이상적인 수명으로 여겨졌다고 합니다. 당시 요셉은 자신의 손자들과 증손자들까지 보았을 정도로 오래 살았는데, 이는 하나님의 은혜의 징표입니다. 요셉은 아들 에브라임의 자손 삼대를 보았으며, 또한 그의 아들 므낫세의 아들 마길의 아들들, 즉 그의 증손들도 그의 슬하에서 양육되었다고 합니다.

129 하나님이 반드시 돌보시리니

창세기 50 : 24~26

요셉이 그의 형제들에게 이르되 나는 죽을 것이나 하나님이 당신들을 돌보시고 당신들을 이 땅에서 인도하여 내사 아브라함과 이삭과 야곱에게 맹세하신 땅에 이르게 하시리라 하고 요셉이 또 이스라엘 자손에게 맹세시켜 이르기를 하나님이 반드시 당신들을 돌보시리니 당신들은 여기서 내 해골을 메고 올라가겠다 하라 하였더라 요셉이 백십 세에 죽으매 그들이 그의 몸에 향 재료를 넣고 애굽에서 입관하였더라

기도 요점

자신의 당대에는 이루어지지 않은 하나님의 약속이지만, 앞으로 "하나님께서 반드시 성취하시리라."는 믿음으로 임종을 맞이할 수 있는 믿음의 사람이 되기를 원하십니까? 죽음을 앞에 두고도 흔들리지 않는 믿음으로 하나님의 약속의 성취를 믿으며 후손들에게 "하나님이 반드시 당신들을 돌보시리니"라고 확신에 차서 유언하는 요셉을 상상해 보십시오.

도움의 말

아브라함과 이삭, 그리고 야곱이 죽을 때처럼 요셉 역시 죽음을 앞두고 형제들에게 "하나님께서 이 땅에서 인도하여 내사 아브라함과 이삭과 야곱에게 맹세하신 땅에 이르게 하시리라."라고 예언합니다. 그리고 연이어서 요셉은 아브라함과 야곱처럼 그의 후손들에게 자신의 소원, 즉 애굽 땅에서 하나님의 약속의 땅으로 떠날 때 "내 해골을 메고 올라가겠다"는 맹세를 하라고 요구합니다. 그러면서 임종을 앞에 둔 요셉이 형제들과 후손들에게 "하나님께서 반드시 당신들을 돌보시어 하나님의 약속의 땅으로 인도하실 것"이라는 자신의 신앙을 확실하게 다시 한번 고백합니다.